Aprender a escrita,
aprender com a escrita

Dados Internacionais de Catalogação na Publicação (CIP)
(Câmara Brasileira do Livro, SP, Brasil)

Aprender a escrita, aprender com a escrita / Cecilia M. A. Goulart, Victoria Wilson (orgs.). – São Paulo: Summus, 2013.

Vários autores.
Bibliografia.
ISBN 978-85-323-0881-8

1. Análise de textos 2. Análise do discurso 3. Comunicação escrita 4. Escrita 5. Linguagem – Aquisição 6. Pedagogia 7. Textos – Produção I. Goulart, Cecilia M. A. II. Wilson, Victoria.

12-14731   CDD-410

Índice para catálogo sistemático:
1. Linguagem escrita: Linguística   410

www.summus.com.br

Compre em lugar de fotocopiar.
Cada real que você dá por um livro recompensa seus autores
e os convida a produzir mais sobre o tema;
incentiva seus editores a encomendar, traduzir e publicar
outras obras sobre o assunto;
e paga aos livreiros por estocar e levar até você livros
para a sua informação e o seu entretenimento.
Cada real que você dá pela fotocópia não autorizada de um livro
financia o crime
e ajuda a matar a produção intelectual de seu país.

Cecilia M. A. Goulart
Victoria Wilson
(orgs.)

Aprender a escrita, aprender com a escrita

summus editorial

APRENDER A ESCRITA, APRENDER COM A ESCRITA
Copyright © 2013 by autores
Direitos desta edição reservados por Summus Editorial

Editora executiva: **Soraia Bini Cury**
Editora assistente: **Salete Del Guerra**
Projeto gráfico e diagramação: **Casa de Ideias**
Capa: **Marianne Lépine**
Impressão: **Sumago Gráfica Editorial**

Summus Editorial
Departamento editorial
Rua Itapicuru, 613 – 7º andar
05006-000 – São Paulo – SP
Fone: (11) 3872-3322
Fax: (11) 3872-7476
http://www.summus.com.br
e-mail: summus@summus.com.br

Atendimento ao consumidor
Summus Editorial
Fone: (11) 3865-9890

Vendas por atacado
Fone: (11) 3873-8638
Fax: (11) 3873-7085
e-mail: vendas@summus.com.br

Impresso no Brasil

Sumário

APRESENTAÇÃO 7
Cecilia M. A. Goulart
Victoria Wilson

1. Aspectos semióticos da aprendizagem inicial da escrita 21
Cecilia M. A. Goulart
Angela Vidal Gonçalves

2. A apropriação enunciativa no processo de aquisição
da linguagem escrita 43
Cláudia Cristina dos Santos Andrade

3. A escrita de registros de experiência científica por crianças
do quarto ano de escolaridade: "Será que vai dar certo?" 69
Eleonora C. Abílio
Vanêsa V. S. de Medeiros

4. A escrita da História nos cadernos escolares 103
Helenice Rocha

5. A revisão de textos por alunos do nono ano do
ensino fundamental 131
Solange Maria Pinto Tavares

6. As relações dialógicas na produção de textos do ensino médio 165
  Lídia Maria Ferreira de Oliveira

7. Linguagem escrita de adultos: análise de avaliação e atividades didáticas 197
  Inez Helena Muniz Garcia
  Marta Lima de Souza

8. A institucionalização da escrita no contexto acadêmico: tradição e ruptura 223
  Victoria Wilson

Apresentação

Cecilia M. A. Goulart
Victoria Wilson

Os estudos reunidos neste livro se interligam pela perspectiva discursiva comum de fundamentação bakhtiniana, em que o texto assume papel teórico e metodológico relevante. Aspectos da teoria da enunciação de Bakhtin, da história da escrita e da cultura escrita, além de aspectos de estudos sobre a aquisição da linguagem verbal e de uma concepção de relação entre língua oral e língua escrita, constituem vetores da base teórico-metodológica geral da pesquisa do grupo responsável pelos artigos deste livro[1]. Procuramos compreender tanto os fatores que intervêm em processos de produção do discurso escrito como os modos de construção desse discurso, em diferentes momentos do processo de escolarização, considerando variados *corpora* de dados, os quais abrangem desde produções de crianças em fase inicial de apropriação da língua escrita, passam por materiais escritos por crianças do ensino fundamental, por jovens e adultos e também por alunos do ensino médio, e abarcam até produções textuais de estudantes universitários.

---

1 Grupo de pesquisa "Linguagem, cultura e práticas educativas/CNPq", coordenado pela professora doutora Cecilia M. A. Goulart, da Universidade Federal Fluminense (UFF).

8 • Cecilia M. A. Goulart | Victoria Wilson (orgs.)

O objetivo de todos os estudos é compreender como os estudantes realizam atividades de produção de textos na escola, investigando demandas envolvidas nesses processos e nos distintos modos de dar-lhes solução. A produção é analisada tanto do ponto de vista individual quanto coletivo, buscando entender, em perspectiva discursiva, que fatores intervêm nos diversos processos em variadas etapas do período de escolarização. Em geral, o método indiciário proposto por Ginzburg (1989) guiou, com a fundamentação bakhtiniana, os procedimentos analíticos, por meio da busca de indícios, de pequenos detalhes dos processos de produção escrita. A procura desses sinais foi relevante para o entendimento das singularidades antes não consideradas elementos-chave constitutivos da linguagem e, consequentemente, da produção escrita.

A produção do discurso verbal na perspectiva dos modos de aprender e de ensinar em espaços educativos tem sido o horizonte de trabalho do grupo, que objetiva compreender aspectos do processo de aprendizagem da língua escrita no sentido das práticas sociais letradas, em variados momentos do processo de escolarização. Chamamos de práticas sociais letradas aquelas que envolvem o movimento do conhecimento elaborado com base na escrita e a partir dela, considerando o valor social que essa modalidade de linguagem verbal tem em nossa cultura. A escrita nos identifica como integrantes da cultura letrada, em que há documentos, por exemplo, regulando nossa existência jurídica, e até marcando o corpo das pessoas com tatuagens, nos dias de hoje, no entremeio de muitas outras formas de identificação. Assim, práticas escritas afetam também práticas sociais orais, mesmo que materialmente a escrita não esteja presente.

A meta maior de nosso grupo de pesquisa é contribuir para uma teoria do ensino da linguagem verbal que tenha como eixo a

Aprender a escrita, aprender com a escrita • 9

relação entre os discursos produzidos fora da escola e os produzidos dentro dela, em sala de aula. Em tese, tal teoria poderia, em sentido largo, orientar o ensino de modo geral, considerando que todo professor é professor de linguagem. Procuramos, portanto, abordar questões relacionadas ao trabalho realizado com a linguagem em diferentes espaços escolares, no sentido de contribuir para a reflexão sobre as práticas pedagógicas que lá se concretizam. Como se caracterizam a escrita e a cultura escrita? Como se relacionam a cultura escrita e a escola? Que fatores atuam nessa relação? Como se aprende a escrever? Como podemos conceber, em termos críticos, práticas pedagógicas intimamente associadas com práticas sociais letradas?

Como já destacado em outros artigos (Goulart, 2010, 2009, 2007a, 2007b, 2005), a noção de *linguagens sociais*, de Bakhtin, se constitui em esteio para refletir sobre múltiplas formas de estruturação dos saberes, em discursos produzidos em esferas e instâncias sociais diversas. Comunidades semióticas, grupos sociais variados, no cotidiano das esferas sociais, vão estabilizando e institucionalizando formas de organizar seus conhecimentos, diferentes textualidades. Do ponto de vista das áreas acadêmicas, cada uma se constitui historicamente como uma textualidade, isto é, como uma organização discursiva que apresenta e explica a realidade, envolvendo objetos, fenômenos, procedimentos, relações tempo-espaço, entre outros aspectos. Relacionamos tais textualidades ao que Bakhtin (1998, p. 98) conceitua como linguagens sociais: "São pontos de vista específicos sobre o mundo, formas da sua interpretação verbal, perspectivas específicas objetais, semânticas e axiológicas".

De acordo com o autor, a seleção de palavras de nossos enunciados é realizada com base nas intenções que presidem o seu todo, sendo que a situação social mais imediata e o meio social mais amplo determinam a estrutura da enunciação, em que as palavras são orientadas em função do interlocutor, do auditório social. A noção de linguagens sociais juntamente com gêneros do discurso configura modos de apreender a realidade.

Morrison (1995, p. 191), investigando as maneiras como o conhecimento se institucionaliza, afirma que "a associação entre o conhecimento e a organização textual é indispensável para a capacidade de uma cultura quanto à ordenação e codificação do conhecimento". As mudanças históricas na estrutura textual escrita, segundo ele, geraram um conjunto de práticas, formando um conhecimento social relacionado às argumentações históricas e filosóficas e também às necessidades de outros ramos particulares do conhecimento. O estudo histórico do autor, mantendo as suas especificidades e diferenças, parece confirmar o destaque que, com base em Bakhtin, estamos dando às linguagens sociais.

Essas linguagens são carregadas de conteúdos determinados que as especificam. Implicam, além do vocabulário, formas de orientação intencional de interpretação e impregnam-se de apreciações concretas, ao unir-se a objetos, áreas expressivas de conhecimento e gêneros. Alargando a pluridiscursividade da linguagem, Bakhtin considera que cada época, cada geração, em cada uma das suas camadas sociais, tem a sua linguagem social. Em tais linguagens há distinções metodológicas, já que se orientam por princípios básicos de seleção e constituição diversos. Atendendo a necessidades de grupos sociais e cumprindo funções específicas, conformam esferas de conhecimento e expressam diferenças históricas e culturais entre aqueles grupos. Exprimindo valores, as linguagens vivem, lutam e evoluem no plurilinguismo social (cf. Bakhtin, 1998, p. 96-101, especialmente).

Como associar a cultura escrita à escola? Como a cultura escrita se escolariza? Escolarizar a cultura escrita é contextualizá-la

Aprender a escrita, aprender com a escrita • **11**

para fins formais de ensinar e aprender. Soares (1999, p. 21), analisando a escolarização da literatura infantil, afirma que se trata de um "processo inevitável, porque é da essência mesma da escola, é o processo que a institui e que a constitui". A autora (1999, p. 22) destaca a conotação pejorativa que é atribuída ao termo, ressalvando que esta não é uma relação necessária, mas circunstancial, relacionada à imprópria, inadequada e errônea escolarização da literatura na escola "que se traduz em sua deturpação, falsificação, distorção, como resultado de uma pedagogização ou uma didatização mal compreendidas que, ao transformar o literário em escolar, desfigura-o, desvirtua-o, falseia-o". Soares (1999, p. 22) sublinha que "essa escolarização inadequada pode ocorrer não só com a literatura, mas também com outros conhecimentos, quando transformados em saberes escolares".

Nesse lugar aberto pela autora é que consideramos a escolarização da cultura escrita. E, mais especificamente, a escolarização da cultura escrita no sentido dos processos de alfabetização e letramento. Tendo em vista, como proposto acima, que escolarizar a cultura escrita é contextualizá-la para fins formais de ensinar e aprender, que caminhos tomar para ensinar a ler e a escrever? Entendemos que a cultura escrita se constitui como um plurilinguismo social, em que múltiplas linguagens sociais e gêneros do discurso se entrelaçam, caracterizando-a de modo discursivo.

Os estudos deste livro se fundamentam nas questões teórico-metodológicas abordadas de modo breve anteriormente e em outras peculiares aos focos orientadores dos estudos. Ordenamos a sequência dos capítulos de acordo com o segmento e ano escolar que abrangem, entendendo que assim contribuímos para uma visão transversal de aspectos dos processos de ensinar-aprender a escrever na escola.

12 • Cecilia M. A. Goulart | Victoria Wilson (orgs.)

Cecilia M. A. Goulart e Angela Vidal Gonçalves são autoras do Capítulo 1, "Aspectos semióticos da aprendizagem inicial da escrita", em que são analisados textos de crianças dos primeiros anos do ensino fundamental de uma escola pública do Rio de Janeiro. O estudo evidencia estratégias semióticas utilizadas pelas crianças no processo de aprender a escrever, com base em conhecimentos de variadas naturezas que já possuem e que estão relacionados à construção de sistemas sociais de referência que vão sendo organizados como formas de representação do mundo. Na análise discursiva da produção escrita, as autoras consideram tanto relações intersubjetivas e interdiscursivas quanto restrições estabelecidas pelo sistema linguístico, ao considerarem o processo de enunciação permeado por determinações e indeterminações. Com base em indagações do tipo "O que se grafa e o que não se grafa nos textos?" e "Como se constroem significados diferentes?", atentam para a variedade de grafemas que dão sentido ao discurso escrito, indo além de letras e chegando a circunstâncias das situações de enunciação, saberes compartilhados e destinatários sociais. Aprender a escrever, e mais especificamente aprender a elaborar textos escritos, implica a adequação às variadas situações sociais, envolvendo "um intricado conjunto de conhecimentos que não se resume a uma soma, mas a um enredamento em que muitos fatores estão em jogo".

No Capítulo 2, "A apropriação enunciativa no processo de aquisição da linguagem escrita", Cláudia Cristina dos Santos Andrade analisa textos narrativos de crianças do quarto ano do ensino fundamental. A tarefa solicitada foi a reescrita do conto "A moura torta", que havia sido lido e discutido pelas crianças e pela professora. O objetivo da reescrita é fazer que as crianças produzam um texto que já conheçam bem, a fim de que possam preocupar-se mais com o "como" vão escrever do que com o conteúdo propriamente dito. Tendo já sido estudado, espera-se que

Aprender a escrita, aprender com a escrita • **13**

a reescrita do conto, ainda que se aproxime do original, não o reproduza. A reescrita, compreendida como discurso citado, de acordo com a formulação de Bakhtin (1988), possibilita refletir sobre a dinâmica dos processos discursivos ali envolvidos, pois explicita como se dá a apropriação do discurso de outrem, no esforço de reprodução. Nas tentativas de reprodução do conto original, pode-se observar que as intervenções discursivas dos sujeitos revelam formas de compreensão do escrito, além dos conhecimentos de que eles dispõem para recontar a história. Permitem, desse modo, compreender as possibilidades enunciativas das crianças, para além do conto que está sendo reproduzido, numa perspectiva de coautoria.

Eleonora C. Abílio e Vanêsa V. S. de Medeiros descrevem, no Capítulo 3, "A escrita de registros de experiência científica por crianças do quarto ano de escolaridade: 'Será que vai dar certo?'", como essas crianças elaboram registros de experiências científicas feitas por colegas da turma e originadas da leitura de textos de divulgação científica para crianças. Os registros escritos das crianças expressam a importância da palavra dos que apresentam as experiências científicas, sentindo-se o espaço escolar como um microcosmo social. Recuperar o dizer do apresentador significa não apenas mencionar seu nome, mas modos de significar e, por conseguinte, modos de aprender que comportam o tema, a estrutura composicional e o estilo do gênero. Os alunos procuram não perder de vista as vozes que dialogam nesse embate: encontram-se a voz do outro ou do enunciado dos textos-fonte, a voz da linguagem social da ciência dialogando com a voz do apresentador da experiência. Nas entrelinhas e nos subentendidos desse diálogo, percebem-se as vozes dos alunos, mediadas pela voz da professora, observando, discutindo e pensando cada experiência realizada. São enunciados, portanto, que partem de outros enunciados, com eles dialogam e sobre eles refletem, como em um processo contínuo de reflexão em cadeia entre o dizer/o fazer/o refletir/o escrever.

No capítulo 4, "A escrita da História nos cadernos escolares", Helenice Rocha trata dos usos de cadernos em aulas de História e das condições relativas aos textos e exercícios em duas escolas, uma pública e uma particular. Rocha salienta aspectos "do tempo escolar, das concepções vigentes sobre o valor da cópia, do conjunto de materiais disponíveis e, por fim, das representações dos professores acerca das condições de leitura e escrita de seus alunos nas aulas de História". Na última parte do capítulo, a autora analisa mais detalhadamente as escolhas didáticas de uma professora em que são observadas suas representações sobre a condição letrada dos alunos. O estudo desses manuscritos, considerando-se a diferença estrutural entre os textos oferecidos à leitura dos alunos da escola pública e os da escola particular, se revela "como uma contribuição em potencial para a compreensão acerca dos usos e formas de apresentação da História na escola". Rocha também destaca a necessidade de mudanças na formação de professores, com vistas a um enfoque que privilegie a linguagem relacionada aos conhecimentos escolares, para que se possa prevê-la e compreendê-la como constituinte dos sujeitos.

O Capítulo 5, "A revisão de textos por alunos do nono ano do ensino fundamental", de Solange Maria Pinto Tavares, visa compreender o sentido que os alunos atribuem à revisão de textos quando têm a oportunidade de refletir sobre eles. Os textos foram produzidos em contexto escolar, como resposta a três diferentes propostas temáticas, estabelecidas tanto pelo professor de Língua Portuguesa responsável pela turma quanto pela pesquisadora que participou do processo junto dos alunos, envolvendo modos de produção diferenciados. A pesquisadora solicitava aos adolescentes a leitura dos textos e, depois, a reescrita do próprio texto, momento em que eles faziam a intervenção no texto original para modificar o que julgassem necessário. Os alunos, quando se sentem motivados, escrevem melhor. E a motivação não só envolve o contato com temas de interesse para a produção escrita, como também está relacionada aos objetivos propostos pela escola para esse tipo de atividade. Quando descontextualizada, a atividade de escrita perde uma de suas funções principais: associar-se à construção de sentidos. Outro ponto importante destacado refere-se à produtividade na elaboração de revisões textuais. Do modo como foi concebida e trabalhada pela pesquisadora, a atividade revelou-se como uma "prática [que] permite que o autor veja o próprio texto de outro lugar, buscando colocar-se no lugar de seu leitor e reconhecer outras possibilidades de aperfeiçoar o discurso escrito".

A busca de sentidos em textos de alunos do ensino médio, em atividades de reescritura, é o foco do Capítulo 6, "As relações dialógicas na produção de textos do ensino médio", de Lídia Maria Ferreira de Oliveira. A autora parte do princípio de que a escola trabalha com um tipo de letramento que prepara tecnicamente o estudante para a atividade da escrita, sem se preocupar em ajudá-lo a construir um saber. Esse *modus operandi* resulta, pouco a pouco, num processo de expropriação da variedade linguística do aluno, em nome de uma concepção idealizada e homogeneizante da língua. Como consequência, os resultados da produção escrita, seja no próprio cotidiano escolar, seja na ponta final desse processo – redações de vestibular e exames nacionais, como o Enem –, acabam revelando textos que não atendem às expectativas. Daí a autora conduzir sua investigação tentando responder às demais perguntas que a inquietam: o que escrevem os jovens estudantes do ensino médio? Por quê? Como escrevem? Que estratégias dis-

16 • Cecilia M. A. Goulart | Victoria Wilson (orgs.)

cursivas utilizam e por quê? Ferreira observa que a produção escrita analisada demonstra o quanto os estudantes se esforçam na direção da compreensão do outro. No processo de reescritura, seus textos são construídos como resposta ativa a enunciados anteriores e posteriores e revelam o trabalho do sujeito com a linguagem que em muito ultrapassa a dicotomia certo x errado.

A análise que Inez Helena Muniz Garcia e Marta Lima de Souza fazem de respostas escritas de jovens e adultos a testes de avaliação, no interior de um programa de Educação de Jovens e Adultos (EJA), se traduz no Capítulo 7, "Linguagem escrita de adultos: análise de avaliação e atividades didáticas". Observam que os jovens e adultos escrevem tendo como ponto de partida o contexto específico de produção, ou seja, a própria experiência na elaboração dos enunciados esperados nas atividades propostas, considerados dentro da realidade ali criada. A análise das respostas sugere que os sujeitos não fazem um deslocamento da situação criada. O sentido vivencial, ideológico, se sobrepõe à abstração que parece ser esperada pelos formuladores dos testes. Essa é uma questão que já vem sendo destacada em outras pesquisas e, na perspectiva discursiva, se relaciona com a necessidade de dar significado, contextualizar as questões propostas, e não necessariamente implica que os sujeitos não tenham capacidade de abstrair. As autoras revelam como a produção escrita desses sujeitos está "carregada de vozes sociais com as quais dialogam", assim como é fruto e reflexo/reflexão de suas experiências e histórias de vida. Ressaltam ainda a importância de elaborar políticas públicas e propostas pedagógicas que atendam às necessidades peculiares a cada situação e a cada grupo.

Victoria Wilson, no Capítulo 8, "A institucionalização da escrita no contexto acadêmico: tradição e ruptura", investiga textos produzidos por graduandos do curso de Letras de uma

Aprender a escrita, aprender com a escrita • **17**

universidade pública do estado do Rio de Janeiro. Trata-se de textos redigidos como trabalho final de avaliação de uma disciplina, cuja ementa está direcionada para a escrita de gêneros acadêmicos em linguagem formal na norma culta da língua. A autora destaca que, na condição de reproduzir as convenções, os alunos reiteram a palavra autoritária, o discurso instituído, como "discurso que foi solicitado a surgir e que já era esperado" (Bakhtin, 2003, p. 89). Mesmo projetado para as expectativas do contexto, o discurso dos graduandos não é apenas o resultado de apropriações do instituído social e do uso repetitivo de enunciados já produzidos: no ato de redigir textos, muito se faz, parafraseando Geraldi (1991), *com* e *sobre* a linguagem. Por essa razão, os discursos que circulam apresentam naturezas diversas e estão sempre marcados pela singularidade, trazendo marcas de sua interioridade. A escrita revela o modo como os graduandos, em geral, imaginam a escrita institucional com os valores a ela associados, em que o reforço de padrões e crenças enraizados no senso comum alia-se ao esforço em direção às expectativas do contexto e à compreensão do outro.

Crianças, jovens e adultos que estão na escola se constituem no interior de muitas redes de conhecimentos que interagem com a rede de conhecimento escolar. Como afirma Bosi (1999), "objeto de olhar e modo de ver são fenômenos de qualidade diversa; é o segundo que dá forma e sentido ao primeiro". Como os alunos são levados a ver a escrita na escola? Como uma linguagem sem peso que submete e subordina os sujeitos e suas falas, ou como criação humana e social, na dimensão política dos discursos, dos textos, fortalecendo os sujeitos? Desejamos que os artigos deste livro possam gerar instigantes e férteis debates entre professores e pesquisadores, além de outros profissionais da Educação e demais interessados no tema: que sejam uma contribuição para um

18 • Cecilia M. A. Goulart | Victoria Wilson (orgs.)

trabalho com a linguagem na escola, em qualquer ano escolar, segmento e disciplina, que forme pessoas comprometidas socialmente com a liberdade de expressão e também responsáveis pela mesma expressão. O compromisso da escola de trabalhar por mudanças estruturais da sociedade continua sendo um desafio ético-político para os educadores neste país com tantas desigualdades. Levamos em conta a discussão do importante papel da linguagem para os sujeitos no projeto pedagógico, organizado em currículos, planejamentos, planos de aula e, sobretudo, nas ações mais cotidianas. Da mesma forma, o compromisso da escola de legitimar o conhecimento de inúmeras esferas sociais, como grupos, instituições, pessoas e classes, não necessariamente vinculados à tradição da cultura letrada, se mostra urgente para a construção de uma realidade social justa – incluem-se aí modos de falar, de interagir e de apresentar aquele conhecimento.

Referências bibliográficas

BAKHTIN, Mikhail (Volochinov). *Marxismo e filosofia da linguagem.* Tradução Michel Lahud e Yara Frateschi Vieira. São Paulo: Hucitec, 1988.

BAKHTIN, Mikhail. *Questões de literatura e de estética: a teoria do romance.* 4. ed. Tradução Aurora Bernardini *et al.* São Paulo: Hucitec/ Anablume, 1998, p. 84.

_____. *Estética da criação verbal.* Tradução Paulo Bezerra. 4. ed. São Paulo: Martins Fontes, 2003.

BOSI, Alfredo. *Machado de Assis – O enigma do olhar.* São Paulo: Ática, 1999.

GERALDI, João W. *Portos de passagem.* São Paulo: Martins Fontes, 1991.

GINZBURG, Carlo. "Sinais: raízes de um paradigma indiciário". In: *Mitos, emblemas, sinais: morfologia e história.* São Paulo: Companhia das Letras, 1989, p. 143-79.

GOULART, Cecilia M. A. "Alfabetização e letramento: os processos e o lugar da literatura". In: PAIVA, A.; MARTINS, A.; PAULINO, G.; CORREA, H.; VERSIANI, Z. *Literatura: saberes em movimento*. Belo Horizonte: Ceale/Autêntica, 2007a, p. 57-68.

_____. "Enunciar é argumentar: analisando um episódio de uma aula de História com base em Bakhtin". *Revista Pro-Posições*, v. 18, n. 3, v. 54, p. 93-107, set./dez. 2007b.

_____. "Em busca de balizadores para a análise de interações discursivas em sala de aula com base em Bakhtin". *Revista Educação Pública*, UFMT, p. 15-31, 2009.

_____. "Processos escolares de ensino e aprendizagem, argumentação e linguagens sociais". *Revista Bakhtiniana*, São Paulo, v. 1, n. 4, p. 50-62, 2.º sem. 2010.

GOULART, Cecilia M. A. *et al.* "Processos de letrar e ser letrado na infância: modos de letrar e ser letrado na família e no espaço educativo formal". Programa de Pós-Graduação em Educação/UFF/CNPq, 2005.

MORRISON, Ken. "Estabelecendo o texto: a institucionalização do conhecimento por meio das formas históricas e filosóficas de argumentação". In: BOTTÉRO, J.; MORRISON, K. *et al. Cultura, pensamento e escrita*. São Paulo: Ática, 1995, p. 141-200.

SOARES, Magda. "A escolarização da leitura literária". In: EVANGELISTA, A.; BRANDÃO, H.; MACHADO, Z. V. (Eds.). *A escolarização da leitura literária: o jogo do livro infantil e juvenil*. Belo Horizonte: Autêntica, 1999, p. 17-48.

Capítulo 1

Aspectos semióticos da aprendizagem inicial da escrita

Cecilia M. A. Goulart
Angela Vidal Gonçalves

Sobre a base teórica do estudo e o objeto de pesquisa

A concepção de linguagem como atividade constitutiva dos sujeitos, com base em Bakhtin, é o ponto de partida deste estudo. A perspectiva filosófica da linguagem é integrada a uma semiologia em que sua marca distintiva é o tratamento simbólico e ideológico da realidade político-social. A linguagem possibilita ao sujeito existir, interagir e refletir, materializando suas experiências, sendo concebida como algo que organiza e tensiona a vida coletiva e individual, dado que organiza aquelas experiências. Bakhtin destaca a ação da linguagem sobre os sujeitos e a ação destes sobre a linguagem e sobre o outro do discurso. Não se trata, portanto, de uma linguagem determinada, com sentidos e formas definidos

22 • Cecilia M. A. Goulart | Victoria Wilson (orgs.)

a priori; ao contrário, os sentidos e as formas se constroem nos espaços mesmos da enunciação.

Que relação podemos estabelecer entre essa concepção de linguagem e os processos de alfabetização? Que tipos de reflexão as crianças realizam no processo de aprender a modalidade escrita da linguagem verbal? Consideramos simplista a ideia de que as crianças aprendam a escrever seguindo os caminhos que levaram à criação do princípio alfabético da língua escrita (a relação entre fonemas e letras) e à explicitação de conhecimentos como a distinção entre vogais e consoantes, de unidades linguísticas como a sílaba e seus diferentes padrões, e à formação de palavras, sem que com isso neguemos a importância de tais conteúdos para a aprendizagem da leitura e da escrita. Muitas questões evidenciadas nesses processos têm ficado sem resposta, têm sido consideradas anômalas em tal aprendizagem ou, ainda, têm sido ignoradas ou omitidas em estudos.

O objetivo deste capítulo é focalizar aspectos do processo de alfabetização, destacando evidências de estratégias semióticas utilizadas por crianças e assim visando contribuir tanto para a melhor compreensão de como elas aprendem a escrever quanto para a formulação de propostas de alfabetização pelos professores. A perspectiva discursiva adotada aqui dá relevo a esse aprendizado como um processo de aprender a significar por escrito. Do ponto de vista linguístico, considera a enunciação como um processo que apresenta determinações e indeterminações.

Em Pacheco (1997, atual Goulart), observamos que a criança, no esforço de aprendizagem da língua escrita, faz uso dos conhecimentos e recursos de que dispõe, utilizando-se do que Halliday (1975)[1] denomina de estratégias semióticas. Essas estratégias permitiriam à criança se utilizar de um sistema pouco ou mal conhecido, enquanto ainda o está construindo, e desenvolvê-lo

Aprender a escrita, aprender com a escrita • **23**

por intermédio desse uso. As estratégias semióticas são encaradas como procedimentos heurísticos para lidar com as demandas cognitivas que uma situação objetiva de aprendizagem implica. Essa noção está relacionada à atividade criadora do sujeito que aprende e, nesse sentido, orienta e organiza aquela aprendizagem. Ao mesmo tempo, a organização da linguagem escrita e o seu uso social, no caso deste estudo, também devem ser estruturantes daquela aprendizagem, ao funcionar como organizadores de probabilidades para a construção de estratégias pelo sujeito. Como o objeto e o sujeito vão-se transformando, no processo de aprendizagem que se constitui no interior de relações discursivas, orais e escritas, as estratégias também devem ser redesenhadas, em função da organização de esferas de necessidades diferentes[2] (Pacheco, 1997, atual Goulart).

Retomamos agora a ideia já expressa de que, do ponto de vista da estrutura linguística, o processo de enunciação apresenta determinações e indeterminações. Entender uma língua como sintática e semanticamente indeterminada não implica a impossibilidade de dizer-se o que se quer com precisão, mas significa que as construções linguísticas não dispõem de todas as informações necessárias para a sua interpretação – estas serão completadas por marcas das instâncias concretas de sua enunciação (Possenti, 1993, p. 68-9). O conceito de indeterminação diz respeito à ausência, nas línguas naturais, de uma das propriedades dos sistemas formais: a de que há apenas uma relação biunívoca entre expressões sintáticas e interpretações semânticas (Lahud, 1979, p. 18). Isso não quer dizer, como afirma Possenti (1993, p. 73), que a ordem não exerça nenhum papel, e sim que não é um critério absoluto de interpretação semântica. Ressalvamos então, na mesma direção de Possenti, a noção de forma como o elemento essencial na construção do sentido, que porém não o esgota pela

24 • Cecilia M. A. Goulart | Victoria Wilson (orgs.)

sua indeterminação – os elementos linguísticos não estruturais desempenham um papel importante no condicionamento da própria forma.

A indeterminação pode ser compreendida, ainda conforme Possenti (1993, p. 191-9), com base em quatro instâncias que aludem à insuficiência dos recursos sintáticos para que determinado enunciado seja interpretado, lembrando-nos de que: (a) conhecimentos de naturezas não linguísticas entram na interpretação: conhecimento de mundo, conhecimento da situação de produção do enunciado, entre outros; (b) há possibilidade de uma mesma relação ou função semântica vir expressa por recursos expressivos redundantes num enunciado (exemplos: O *pão*, eu *o* comprei ontem. O *homem*, *ele* partiu sem deixar rastro.); (c) há possibilidade de mobilização dos mesmos recursos expressivos, segundo diferentes estratégias, para indicar diferentes significações (exemplos: As flores *que (= as flores)* eu recebi pareciam de plástico de tão perfeitas! O menino *que (= o menino)* as entregou tinha um *quê (= ar)* de mistério.); e (d) há possibilidade de uma função ou relação semântica ser expressa por diferentes recursos alternativos (exemplo: Pensei que o *memorando* tivesse sido encaminhado ontem, mas o *documento* está na gaveta. Quem adivinha por que o *papel* está ainda ali?).

Possenti, com base no trabalho de Franchi (1977, p. 13), diz que "os falantes trabalham continuamente a relação entre a língua e os mais diversos sistemas de referência existentes". Dessa maneira, eles ampliam a potencialidade de significação dos recursos expressivos, ao mesmo tempo que estes podem também ser ampliados ou modificados. Investigar como as crianças relacionam esses diversos sistemas de referência no processo de significação por meio da escrita é o que pretendemos com este estudo.

Sobre os sujeitos, o material de pesquisa e os procedimentos metodológicos

As crianças que produziram o material aqui apresentado e analisado fizeram parte da mesma classe de um colégio público da rede federal de ensino do Rio de Janeiro, em 2007 e 2008, cursando, respectivamente, o primeiro e o segundo anos do ensino fundamental, e ingressaram no colégio por meio de sorteio público, aos 5 ou 6 anos de idade. Quase todos os alunos pertencentes a esse grupo iniciaram o período letivo sem conhecer o princípio alfabético do nosso sistema de escrita. Ao longo do primeiro ano, no entanto, compreenderam-no, por intermédio de atividades de leitura e escrita e da realização de análises linguísticas específicas para esse fim. Para garantir a continuidade do processo de alfabetização em 2007-2008, a mesma professora acompanhou o grupo nos dois anos.

No primeiro ano, as atividades propostas pela professora destinaram-se, fundamentalmente, à aquisição do sistema alfabético. As análises linguísticas, embora partissem de situações reais e textos de circulação social (lista de material da turma, cantigas, parlendas, contos etc.), focalizaram, sobretudo no começo do ano letivo, letras e sílabas como unidades linguísticas. Foram realizadas, ainda, várias atividades que visavam ao conhecimento do alfabeto. As atividades de escrita espontânea[3] foram introduzidas aos poucos, pois um bom número de crianças não demonstrava familiaridade com essa prática, revelando grande ansiedade e insegurança ao realizá-la (alguns, inclusive, choravam). Conforme as análises linguísticas avançavam, tal prática foi se tornando frequente e sistemática.

Analisando o material produzido pelos alunos, pode-se observar que houve uma gradação nas propostas de escrita espontânea.

26 • Cecilia M. A. Goulart | Victoria Wilson (orgs.)

Primeiro, os alunos foram solicitados a escrever palavras isoladas, do mesmo campo semântico ou diferente; depois, começaram a escrever frases e, por último, textos integrais.

Apesar da ênfase da professora nas atividades de alfabetização, as propostas que visavam ao letramento[4] não foram deixadas de lado. Desde o início do ano, os alunos conviveram com distintos gêneros orais e escritos, em situações formais de aprendizagem e em seus contextos de produção e circulação. Enquanto os alunos não escreviam ainda textos com autonomia, estes eram produzidos coletivamente e registrados pela professora, ao lado das propostas de produções espontâneas[5].

Os textos literários tiveram grande destaque na seleção do material textual apresentado à turma. Contar e ouvir histórias eram práticas cotidianas desse grupo. Tão logo os alunos começaram a escrever seus próprios textos, compartilhavam suas produções com os colegas na *hora da história*. Esse momento era muito esperado e vivenciado com forte entusiasmo por todos. Ao escrever, todos sabiam que seus textos se tornariam conhecidos pela turma, tendo, portanto, destinatários reais. No segundo ano, muito raramente os alunos foram solicitados a escrever palavras soltas, a não ser em atividades específicas para o destaque a aspectos ortográficos do sistema.

Com a finalidade de acompanhar o desenvolvimento da turma como um todo e de cada criança em particular, foram propostas atividades de escrita espontânea a intervalos regulares – mês a mês, aproximadamente. Com base na análise dessas atividades, eram planejadas novas estratégias de ação pedagógica, buscando-se promover a aprendizagem de todas as crianças. Após a realização dessas atividades, a professora providenciava fotocópias das produções dos alunos, já que os originais pertenciam a eles. As cópias referentes ao primeiro ano constituem o material principal da presente pesquisa.

No segundo ano, os alunos arquivavam seus textos em uma pasta cujo título era *Minhas produções escritas*. Nela encontram-se textos de diferentes tipos, embora predominem os narrativos. Esse material também foi reproduzido para análises posteriores, tendo sido parcialmente utilizado neste estudo.

A pesquisa tem caráter qualitativo, com a sala de aula como fonte de conhecimento e de material, permitindo assim maior proximidade entre os sujeitos pesquisadores e pesquisados em relação a suas experiências e sentidos no/para o mundo, focalizando a realidade pedagógica de forma contextualizada. Neste artigo selecionamos alguns aspectos observados nos processos das crianças, realizando uma análise discursiva da produção escrita, considerando tanto relações intersubjetivas e interdiscursivas quanto restrições estabelecidas pelo sistema linguístico.

Na análise discursiva efetuada, os dados são obtidos e escolhidos no trânsito do pesquisador entre a realidade investigada e a teoria, em contínuo "processo de inferências sobre o que os dados significam, o que implicam, para onde levam" (André, 1983, p. 70), para se chegar a uma compreensão do objeto pesquisado. O paradigma indiciário (Ginzburg, 1989) contribui de modo relevante para considerarmos as marcas deixadas pelas crianças nos textos como integrantes de seus processos, levando-nos a compreender algumas questões pouco estudadas. Nesse sentido, destacamos a relevância de voltar o olhar não só para o que está no centro, para o que é verificável de maneira empírica, mas também para o periférico, para o refugo: "Partir de dados aparentemente negligenciáveis, [para] remontar a uma realidade complexa não experimentável diretamente" (Ginzburg, 1989, p. 152). As marcas são significativas por caracterizar soluções que as crianças dão às

28 • Cecilia M. A. Goulart | Victoria Wilson (orgs.)

demandas que a elaboração de textos apresenta na dimensão alteritária (Abaurre et al., 1996). A mesma autora propõe, em outro artigo, com base em Lemos (1982, p. 120), que se aceite o desafio de tomar como objeto de estudo a linguagem como atividade do sujeito, enfrentando assim a indeterminação, a mudança e a heterogeneidade desse objeto que se refaz a cada instância do seu uso.

Aprendendo a significar por escrito: aspectos discursivos e semióticos do processo de aprendizagem da linguagem escrita

Nesta seção o material de pesquisa é analisado no sentido de buscar evidências de que as crianças, no processo de aprender a escrever, arregimentam o universo de conhecimentos de variadas naturezas semióticas que possuem para dar conta das demandas da escrita de palavras, frases e textos na escola que frequentam. Entendemos que o plano discursivo envolve os demais planos da língua: morfológico, sintático, fonológico e pragmático. A análise da escrita de palavras, na primeira parte, é realizada no contexto da intencionalidade discursiva da produção. O destaque é importante porque, ao mesmo tempo que achamos essencial a compreensão da base alfabética da língua, não a julgamos suficiente para que a criança seja considerada alfabetizada no sentido político-social do conceito. Ou seja, no sentido freireano de que a aprendizagem da escrita apenas se reveste de valor se contribui para a ampliação da leitura do mundo, para o fortalecimento dos sujeitos como cidadãos. Pressupomos que as crianças tenham possibilidade de aprender a base alfabética da língua no contexto de aprendizagem dos demais conhecimentos implicados na produção escrita, que são muitos, como já foi comentado. O ato de escrever representa um grande desafio para a criança em fase inicial da escrita.

Aprender a escrita, aprender com a escrita • 29

Para muito além de aspectos motores envolvidos nesse processo, requisita intensa atividade cognitiva, intrinsecamente relacionada à atividade social, pois ela necessita conjugar o que dizer ao como fazê-lo. Na realidade, esse desafio é inerente a todos os processos de escrita, mas são muitos os conhecimentos que precisam ser elaborados pelo escritor iniciante. A seguir, damos relevo a recursos e modos de composição de produções escritas de algumas crianças, analisando-os.

A utilização de algarismos para escrever palavras ou parte delas se destacou no mês de junho do primeiro ano, na produção de frases relativas ao tema "Festa junina", com base em algumas cenas típicas desenhadas. A aluna Ana escreveu para a cena de um casal, vestido a caráter, dançando quadrilha:

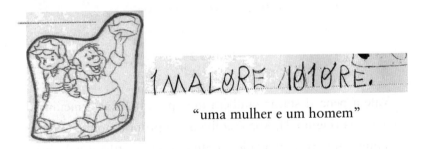

"uma mulher e um homem"

Figura 1

Observa-se o uso do algarismo *1* para escrever os artigos indefinidos *uma* (*1ma*) e um (*1*), estratégia que se repete dois meses depois, em agosto (Figura 2), apontando para um recurso que não é circunstancial, mas algo que se coaduna naquele período com as possibilidades e necessidades da produção escrita da menina. É um numeral ou uma palavra? O que são os numerais, como representá-los, garantindo distinção de gênero? Ao escrever *1ma*, Ana não substituiu a palavra *uma* pelo algarismo *1*, mas o utilizou como parte da palavra, para em seguida representar a marcação de gênero feminino alfabeticamente com M e A. Apoiou-se, portanto, no conhecimento de símbolos matemáticos e no conhecimento fonológico, ambos conhecimentos em emergência nesse momento. Aspectos semânticos do discurso parecem ter-se sobreposto aos demais. A aluna já sabe que nosso sistema de escrita representa palavras e não seus significados, embora não tenha aprendido ainda que, para representá-las, usamos em algumas situações letras e, em outras, numerais.

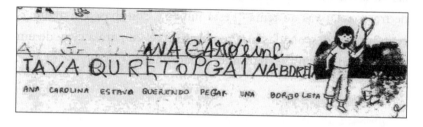

Figura 2

Vale a pena destacar também que, para nomear a menina da cena acima (Figura 2), Ana escolhe o seu próprio nome. Observamos que, em várias atividades, a aluna prefere utilizar palavras já conhecidas, para *escrever corretamente*, isto é, para não errar. Seu nome, nesse momento, parece ser uma imagem – que a identifica e com o qual se identifica. Apesar de Ana já estabelecer nesse momento relações entre sons e letras, seu nome não parece analisável, decomponível, sendo utilizado em bloco, como um todo.

A intenção de escrever de modo correto evidencia um valor típico da escola, em particular, e da sociedade, de modo geral, situando discursivamente a inserção social da criança, que escreve para outros e deseja garantir o sentido para quem a lê; assim, as convenções sociais são fundamentais. Ana sabe que

Aprender a escrita, aprender com a escrita • 31

sua escrita ainda se distancia da convencional, pois nem sempre a professora consegue ler o que ela escreve. Deseja, entretanto, aproximar-se dessa escrita; a escolha de um nome conhecido atende a esse propósito.

A mesma aluna, nesse período focalizado, buscava estabelecer relações entre a camada sonora e a pauta escrita, procurando determinar diferenças de sentido por meio de diferenças na qualidade e quantidade de letras, como pode ser visto abaixo (Figura 3):

Figura 3

Na primeira frase, ao escrever as palavras *mulher* (lore) e *homem* (ore), Ana faz a distinção entre os sentidos por meio da letra inicial *L*, na palavra *mulher*. Se não levarmos em conta o processo de Ana, podemos supor que a letra *L* tenha sido selecionada por alguma relação com a palavra *mulher*. Observando seu processo de escrita, porém, percebemos que a letra *L*, desde seus primeiros escritos, é utilizada com frequência, como pode ser visto a seguir na escrita das palavras *caderno, borracha, tesoura, apontador* e *mochila*.

32 • Cecilia M. A. Goulart | Victoria Wilson (orgs.)

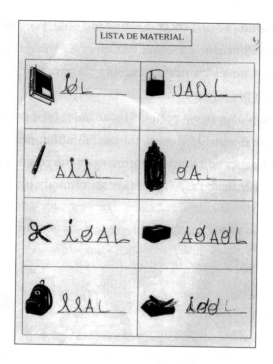

Figura 4

A segunda frase mostra contradição quanto ao conhecimento mostrado na primeira, já que a escrita sugere que Ana usa os algarismos como parte de outro sistema de representação. Observações desse tipo nos levam a fortalecer a hipótese de que as soluções dadas pelas crianças às necessidades da produção escrita são dadas também topicamente. Essas soluções parecem estar mais ligadas a funções que as crianças atribuem aos caracteres nas situações particulares de escrita do que a relações que estabeleçam entre sons da palavra e letras, embora o trabalho da professora as encaminhe para isso. Esse é um tema que merece aprofundamento.

Verificamos também a utilização do algarismo 7 por Cecília (Figura 5) e Pilar (Figura 6) na escrita de algumas palavras. Ainda que ambas tenham demorado um pouco mais que a maioria das crianças da turma a compreender o princípio alfabético da escrita, os algarismos logo desapareceram de suas escritas espontâneas, para reaparecer, mais tarde, representando quantidades ou servindo como recurso de organização do texto.

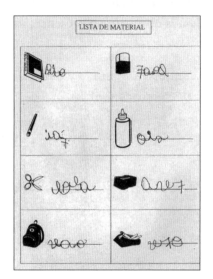 

Figura 5   Figura 6

No material de pesquisa analisado, encontramos também a palavra *moedas* escrita como MOEDAII. Que tipo de relação a criança estabeleceu para representar a marcação do plural da palavra *MOEDA* com dois traços verticais? Seriam dois algarismos *1*, para marcar o plural? Ou dois traços representando mais de um? Essa marca se acrescenta às marcas na escrita de crianças destacadas anteriormente, para indicar que elas estão operando com diferentes recursos semióticos a fim de dar significado a suas escritas. Fatores de ordem pragmática por vezes se sobrepõem a fatores fonológico-ortográficos.

Outro aspecto notado na escrita de algumas crianças é a presença de um dígrafo inexistente na língua portuguesa, que se torna forte referência para elas, por fazer parte da escrita encontrada no cotidiano social, em especial nas palavras *shopping* e *show*, da língua inglesa, tão presentes e familiares em diversos suportes e meios de comunicação. Nas produções de Beatriz (Figura 7), Letícia (Figura 8) e Júlio (Figuras 9 e 10), podemos observar a representação do fonema /x/ como *sh*.

XÔ, PAPÃO
DE CIMA DO TELHADO
DEIXA ESSE MENINO
DORMIR SONO SOSSEGADO

Figura 7

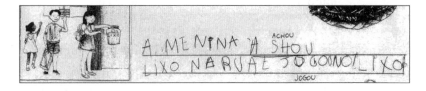

Figura 8

Aprender a escrita, aprender com a escrita • 35

Figura 9 Figura 10

Em nenhum momento do ensino escolar essas crianças fizeram análises linguísticas que apresentassem essa possibilidade de representação para o fonema /x/. Pelo contrário, realizaram atividades em que os grafemas *x* e *ch* foram foco de trabalho em situações específicas. O universo de sentidos construídos em outras experiências mostra o peso que possui na atividade de dizer o mundo pelas crianças.

Na mesma frase, como se pode observar, Letícia escreveu *a shou* (achou) e *lixo*. A primeira encontra referência na palavra *show*, o que obriga a menina a desdobrar a palavra *achou* em duas: artigo + nome; a segunda estava escrita, nomeando o desenho de uma lixeira. As crianças parecem perceber as possibilidades e a maleabilidade da língua de vários modos, destacando-se como sujeitos da linguagem nessas marcas, pensando, fazendo analogias e classificações; o aprendizado da escrita não é mecânico.

A menina não recorreu a um grafema qualquer. Quando escreveu *a shou*, mostrou saber que a forma utilizada existe e representa o som pretendido, mas ainda não ter aprendido que não pertence ao nosso idioma, que há outros condicionantes nesse caminho. O mesmo acontece com Júlio quando escreve, no mesmo dia, *shora* (chorar): se uma forma é possível no nosso idioma, por que a outra não o seria?

Essas produções revelam a complexidade da aprendizagem da linguagem escrita. Não é um processo linear, no qual a criança se atenha àquilo que lhe é apresentado pela escola, passo a passo. Há um entrecruzamento permanente de elementos significativos que são recolhidos na realidade social e em diferentes esferas de conhecimento.

A escrita da palavra *crianças* como QUIRASASIX evidencia que o menino Renan, autor do texto, busca aprofundar a análise de aspectos da camada sonora da palavra, explorando-a, para escrevê-la. Explicações lineares dessa escrita, com base em relações fonema-grafema, não seriam suficientes. Se tomarmos, também, a escrita da palavra *fantasma* como FANTASGEMA, elaborada por Larissa, observaremos o quanto a forte palatalização de alguns segmentos sonoros, característicos da fala do Rio de Janeiro (fala chiada), interfere nas duas produções. É interessante destacar que o traço da palatalização é representado de modos diferentes nas duas palavras, por S-I-X, no final de *quirasasix*, e por S-G-E, na posição média de *fantasgema*. Na primeira, o fonema surdo /s/ leva a outro surdo, /x/; na segunda, o fonema sonoro /m/ da palavra fantasma "puxa" outro fonema sonoro, /ž/, grafado como *g*. Verificamos que referências diversas estão atuando no esforço das crianças para aprender a escrever, ao procurar dar sentido a suas escritas, recrutando diferentes tipos de conhecimento.

Larissa, no dia anterior à escrita da palavra *fantasma*, acima comentada, escreveu um texto em que o travamento em S das sílabas mediais de três palavras recebeu soluções diferenciadas: *ESTÃO*, *EXCOLA* e *GOITA* (estão, escola e gosta). *Grosso* modo, podemos dizer que, no contexto de seu discurso escrito, Larissa faz sobressair nas três palavras traços mais salientes do fonema representado pelo *S* na escrita. A transposição de um contínuo sonoro para unidades gráficas discretas e descontínuas (as letras) é um dos conhecimentos básicos na aprendizagem da escrita. A análise das escritas infantis vai-nos mostrando que essa transposição não se faz linearmente, mas de maneira complexa. Ainda que a atenta professora promova sistematicamente atividades em que as crianças tenham múltiplas possibilidades de analisar a escrita e suas unidades, há fatores de outras naturezas atuando. Nas marcas deixadas nesse processo, continuamos a notar sujeitos que pulsam na linguagem, buscando compreender como o sistema alfabético-ortográfico funciona.

Ana Carolina (Figura 3) e Larissa (Figura 11), quando solicitadas a escrever a palavra *COLA*, entre outras, no mês de maio, quando já escreviam bem próximas das bases do sistema alfabético, grafam *PANDA* e *PRITT*, respectivamente, ou seja, nomes de marcas comerciais do produto. Esse destaque também evidencia modos de aprender em que sistemas simbólicos se inter-relacionam. Por que as escritas das meninas se orientam por lógicas diferentes na mesma atividade? Outras palavras foram representadas por letras, buscando aproximação com a escrita convencional. Larissa, no mês de março, havia escrito a palavra *COLA* silabicamente como *AO*. Os dados continuam sinalizando a existência de muitos fatores no processo de aprender. Pilar (Figura 6), ao escrever a palavra *TESOURA*, se vale da mesma estratégia e grafa *CIS*, também marca comercial do produto.

Figura 11

Figura 12

Nossas análises sugerem, portanto, que no processo de dizer por escrito as crianças se apoiam em sistemas de naturezas semió--ticas diferentes, o que demonstra a fragilidade das abordagens

Aprender a escrita, aprender com a escrita • 39

pedagógicas que reduzem o processo de apropriação da linguagem escrita ao estabelecimento de relações entre fonemas e grafemas.

Reflexões e implicações pedagógicas

O que se grafa e o que não se grafa nos textos? Como se constroem significados diferentes? Atentamos para a complexidade de organização do discurso escrito, sob muitas perspectivas, incluindo desde a abundância de grafemas que lhe dão sentido, indo muito além de letras, até as circunstâncias da enunciação, saberes compartilhados e destinatários sociais.

Como as crianças percebem a escrita social imersa em contextos significativos em que outros sistemas de referência estão circulando? Por que ter os fonemas e suas relações com as letras como o material que sobressai nos suportes escritos? Ou, de outra perspectiva: por que considerar que métodos de ensino são equivalentes a processos de aprendizagem das crianças, senão em virtude de uma longa tradição comportamentalista?

O esteio de criação do sistema alfabético de escrita, priorizando a relação entre fonemas e letras, foi e continua sendo frequentemente tomado como um método de ensinar, ou como um destacado aspecto dele, considerando-se esse o caminho "natural", já que focaliza a relação primária de sua constituição. Crê-se por isso que a organização do sistema deva ser o fundamento do ensino da linguagem escrita. Estudos do século XIX e do início do século XX, em especial de Bloomfield (1933), deram sustentação à criação de métodos sintéticos de alfabetização. Bloomfield (*apud* Abaurre, 1994) postulava que o planejamento do ensino das primeiras letras deveria garantir que as crianças fossem aprendendo de maneira organizada a relação entre sons e letras, do mais fácil para o mais complexo, a partir de pares mínimos de palavras, em

40 • Cecilia M. A. Goulart | Victoria Wilson (orgs.)

que a comutação de um único elemento acarretasse distinção fonológica e, também, semântica. A questão que se coloca aí, como bem discute Abaurre, não se sustenta na teoria linguística propriamente, mas na interface da teoria linguística estruturalista com os pressupostos psicológicos behavioristas, vigentes na época, gerando uma visão equivocada e ingênua do processo de aquisição da língua escrita, o que está de acordo com o que expressam Kato (1986) e outros linguistas interessados no tema da alfabetização.

As escritas das crianças, nessa perspectiva, continuam nos desafiando a compreender fatores que lhes estão subjacentes. Aprender a escrever, e mais especificamente aprender a elaborar textos escritos adequados às variadas situações sociais, envolve um intricado conjunto de conhecimentos que não se resume a uma soma, mas a um enredamento em que muitos fatores estão em jogo.

Notas

1 Halliday (1975) propõe essa denominação ao analisar o processo de aquisição da linguagem oral.

2 O ponto de partida da noção de estratégia apresentada é a concepção que consta em Pacheco (1997). Esta, entretanto, foi revista com base no conceito de estratégia de Bourdieu (1979, 1990, 1994a e 1994b). Segundo este autor, esse conceito é teoricamente relevante para a interpretação das práticas sociais desenvolvidas por diferentes agentes em vários campos sociais (*apud* Souza e Silva, 1996). Considerando o conceito de letramento discutido no presente estudo, isto é, um conjunto de práticas sociais relacionadas à leitura e à escrita, culturalmente determinadas, essa aproximação do conceito de estratégia de Bourdieu se mostrou produtiva.

3 Atividades de escrita espontânea, nesse contexto, referem-se às propostas em que as crianças são solicitadas a escrever de acordo com suas próprias hipóteses sobre o sistema de escrita, sem a utilização de modelos (como cópia de palavras, por exemplo), e a escrita não necessariamente corresponde à escrita convencional.

4 O conceito de letramento utilizado no artigo relaciona-se às diferentes práticas sociais que usam a linguagem escrita, ou são por elas atravessadas, pela linguagem escrita, mesmo que materiais escritos não estejam presentes

Aprender a escrita, aprender com a escrita • **41**

nas situações sociais, ou seja, práticas sociais que se organizam tendo como fundamento textos escritos, em suportes variados. A participação nessas práticas envolve conhecimentos associados ao mundo da escrita.

5 Estamo-nos referindo ao modo como o trabalho pedagógico foi realizado nessa classe. Entendemos que podemos conceber o processo de ensino- -aprendizagem da linguagem escrita nas dimensões de alfabetização e de letramento sem desvinculá-las, isto é, sem perder o caráter social, discursivo, daquele processo.

Referências bibliográficas

ABAURRE, Maria B. M. "Língua oral, língua escrita: interessam à linguística os dados da representação escrita da linguagem?" *Anais do IX Congresso Internacional da Alfal*, Campinas, UNICamp, 1990.

_____. "A alfabetização na perspectiva da linguística: contribuições teórico-metodológicas". *Cadernos Anped*, n. 6, p. 91-124, out. 1994.

ABAURRE, Maria B. M. *et al.* "Considerações sobre a utilização de um paradigma indiciário na análise de episódios de refacção textual". *Trabalhos em Linguística Aplicada*, 25, Campinas, Instituto de Estudos da Linguagem/Unicamp, 1996, p. 5-23.

ANDRÉ, Marli E. D. A. "Texto, contexto e significados: algumas questões na análise de dados qualitativos". *Cadernos de Pesquisa*, São Paulo, n. 45, p. 66-71, maio 1983.

BAKHTIN, Mikhail (VOLOCHINOV). *Marxismo e filosofia da linguagem.* Tradução Michel Lahud e Yara Frateschi Vieira. São Paulo: Hucitec, 1988.

BLOOMFIELD, Leonard. *Language*. Nova York: Henry Holt and Company, 1933.

BOURDIEU, Pierre. *O desencantamento do mundo*. São Paulo: Perspectiva, 1979.

_____. *Coisas ditas*. São Paulo: Brasiliense, 1990.

_____. *Raisons pratiques*. Paris: Seuil, 1994a.

_____. "Stratégies de reproduction et modes de domination". *Actes de la recherche in sciences sociales*. Paris: Minuit, 1994b.

42 • Cecilia M. A. Goulart | Victoria Wilson (orgs.)

FRANCHI, Carlos. *Linguagem – Atividade constitutiva*. São Paulo: Brasiliense, 1977, p. 9-27. (Almanaque 5 – Cadernos de Literatura e Ensaio)

GINZBURG, Carlo. *Mitos, emblemas e sinais – Morfologia e história*. São Paulo: Companhia das Letras, 1989.

HALLIDAY, Michael A. K. *Learning how to mean*. Londres: Edward Arnold, 1975.

KATO, Mary A. *No mundo da escrita*. São Paulo: Ática, 1986.

LAHUD, Michel. *A propósito da noção de dêixis*. São Paulo: Ática, 1979. (Coleção Ensaios, 61)

LEMOS, Claudia T. G. "Sobre aquisição da linguagem e seu dilema (pecado) original". *Boletim da Abralin*, 3, p. 97-126, 1982.

PACHECO, Cecilia M. G. *Era uma vez os sete cabritinhos: a gênese do processo de produção de textos escritos*. 1997. Tese (Doutorado em Letras). Pontifícia Universidade Católica do Rio de Janeiro (PUC-Rio), Rio de Janeiro, 1997.

POSSENTI, Sírio. *Discurso, estilo e subjetividade*. São Paulo: Martins Fontes, 1993.

SOUZA E SILVA, J. *O conceito de estratégia de Pierre Bourdieu: uma chave para o mundo das práticas sociais*. Departamento de Educação, PUC-Rio. Mimeo, 1996.

Capítulo 2

A apropriação enunciativa no processo de aquisição da linguagem escrita

Cláudia Cristina dos Santos Andrade

> O artista utiliza a palavra para trabalhar
> o mundo, e para tanto a palavra deve ser
> superada de forma imanente, para tornar-se
> expressão do mundo dos outros e expressão
> da relação de um autor com esse mundo.
> Bakhtin, 2000, p. 208

Introdução

O processo de aquisição da linguagem escrita é, por princípio, contínuo e inconcluso. Estamos sempre aprendendo a escrever à medida que reconfiguramos essa linguagem, tendo como fonte os textos que lemos e os sujeitos com os quais dialogamos. E é sob a ótica dialógica (Bakhtin, 1997) que compreendemos a necessária construção enunciativa como os elos de uma cadeia interminável e nos desfazemos da ilusão adâmica da qual se origina a ideia de que somos autores iniciais de nossos textos, afinal o que escrevemos nasce de outros escritos que, dialeticamente, modificamos com nossa voz, carregada de nossos valores e experiências. Reconhecer essas vozes, identificando as marcas do sujeito presentes em uma atividade de produção denominada reescrita é o objeto deste estudo, que investiga de modo específico como crianças do quarto ano do ensino fundamental de uma escola pública refletem sobre o processo de escrita, sob a perspectiva discursiva.

Podemos dizer que pensar estratégias metodológicas para o ensino da linguagem escrita pressupõe incluirmos os "outros" na perspectiva docente, entendendo que esse ensino tem como horizonte a construção da autoria, que não se dá de forma autônoma, inata, mas em meio aos processos sociais de produção, dentro dos quais ela tem valor socialmente determinado. Ser autor, nesse sentido, é construir uma obra singular, com estilos e características próprios do sujeito e/ou de um grupo, o que acontece, porém, com base em um repertório preexistente e apreendido, carregado da visão exotópica que, para Bakhtin (2000), enriquece a força organizadora das formas estéticas com o excedente de visão sobre o outro. O "outro" é aqui representado pelo grupo de textos significativos produzidos pelo *corpus* social no qual o sujeito está imerso e pelas vozes que povoam a vivência discursiva do autor. Uma produção autoral pode ser, assim, considerada uma coprodução, resultado de uma parceria entre o autor e os textos com os quais dialoga e nos quais interfere, modificando-os.

Neste capítulo, discutimos uma atividade pedagógica de produção de textos conhecida como reescrita, buscando refletir sobre sua proposta do ponto de vista da teoria da enunciação. A atividade é utilizada pelos professores e considerada produ-

Aprender a escrita, aprender com a escrita • **45**

tiva na aprendizagem das estruturas textuais, contribuindo com o processo de produção textual ao permitir que o aprendiz se aproprie dos elementos materiais e formais (Bakhtin, 2000), pois o conteúdo está, a princípio, dado pelo texto-fonte. Compreendemos que a voz do sujeito efetivamente surge na produção, apesar de ela partir de um modelo já pronto a ser reproduzido. Ao reescrever, o sujeito interpõe suas referências, presentes na raiz dos enunciados, e revela sua relação com a escrita, sobre a qual reflete em todo processo de produção.

O contexto da pesquisa

O estudo foi realizado com textos produzidos por 13 crianças com idades entre 9 e 10 anos, cursando o quarto ano de escolaridade do ensino fundamental no Instituto de Aplicação Fernando Rodrigues da Silveira (CAp/Uerj). As turmas no instituto são heterogêneas nas condições sociais e econômicas, o que é garantido pela forma de ingresso[1]. Os critérios de organização das turmas são definidos a fim de preservar a heterogeneidade, buscando constituir grupos quantitativamente equilibrados no gênero e na origem (comunidade interna/externa).

Ao ingressar no quarto ano de escolaridade, as turmas são reorganizadas e as crianças das três turmas formadas no primeiro ano são reagrupadas, constituindo outras três turmas, escolhidas com base nos critérios de sociabilidade, desempenho e gênero. O grupo estudado, composto inicialmente por 16 crianças escolhidas pelas professoras do ano anterior, estava recém-formado no momento do estudo. Todos os alunos haviam ingressado no primeiro ano de escolaridade em 2005 e não havia nenhum repetente. Um aluno não quis participar da pesquisa e dois estavam viajando, restando, então, 13 produções para a análise.

As crianças são atendidas pelo Departamento de Ensino Fundamental (DEF)[2], responsável pela disciplina Núcleo Comum, que é oferecida aos alunos do primeiro ao quinto ano de escolaridade do CAp/Uerj. A proposta pedagógica do DEF tem como eixo principal os projetos didáticos, dentro de uma linha pedagógica de inspiração sociointeracionista. A organização curricular não se faz por meio de disciplinas, portanto o ensino da escrita permeia as diferentes áreas do conhecimento, como se pode depreender do plano de trabalho do departamento (DEF/CAp/Uerj, 2000):

- A sala de aula é entendida como espaço de interação verbal entre sujeitos, ou seja, como espaço efetivo de diálogo.
- A interação é compreendida como o *locus* produtivo da linguagem e, simultaneamente, como organizadora e formadora da atividade mental.
- O conhecimento é visto como algo que não é dado, mas construído, reelaborado pelo sujeito, individual e coletivamente.
- O rodízio entre trabalhos individuais e em dupla ou em grupo contribui para o fortalecimento da autonomia, do respeito ao outro e da troca de saberes.
- A intervenção figura como papel do professor.
- O erro é visto como parte importante do processo de aprendizagem.
- A leitura resulta na matéria-prima para a escrita.
- A *Roda de Leitura* e os *Projetos* afirmam-se como as principais opções metodológicas que garantem a interação e a inter ou transdisciplinaridade.
- O texto é utilizado como unidade de trabalho em todas as áreas de conhecimento. É por meio dele que alunos e professores confrontam conhecimentos e saberes.
- A língua é encarada como produção histórica e social.
- O olhar atento e a tomada de posição em defesa da diversidade cultural e das práticas sociais de inclusão norteiam a prática do educador.

Dessa forma, atividades de escrita com textos significativos representam um eixo fundamental na proposta pedagógica da instituição.

Halliday (1975) afirma que a criança desenvolve estratégias semióticas no processo de aquisição de linguagem pela utilização de um sistema de que ela se apropria à medida que o conhece, segundo sua interação com o objeto. O autor identifica sete funções da linguagem para a criança no processo de aprendizagem: instrumental, para a regulamentação, interacional, pessoal, heurística, imaginativa e representacional. Enquanto as quatro primeiras funções se prestam à satisfação das necessidades físicas, sociais e emocionais da criança, as três últimas são utilizadas para que ela entre em contato com o conhecimento formal. A função heurística serve à aprendizagem conceitual, a imaginativa para contar histórias e a representacional para transmitir informações. Ao conceber o texto como unidade de trabalho e a língua como produção histórica e social, a ação pedagógica desenvolvida fomenta as funções da linguagem identificadas por Halliday, o que significa trabalhar a linguagem em uma perspectiva funcional aliada a uma perspectiva enunciativa.

A proposta de trabalho comunga, também, da ideia que Geraldi (1991) apresenta: a atividade de produção de textos, tanto escritos como orais, é o eixo fundamental do ensino da língua. O texto revela a língua em sua complexidade formal e discursiva, pois nasce de um contexto de uso e a ele se dirige. Para isso, as atividades de escrita propostas pelos docentes do DEF são organizadas em torno dos projetos didáticos, planejados com a finalidade de: a) constituir um leitor real para os textos, propondo sua apresentação em situações combinadas com o grupo para determinada plateia; b) trabalhar com textos "reais", isto é, não artificializados para o uso didático; c) promover a aproximação com os conteúdos escolares com base nos diferentes saberes postos pelas crianças;

48 • Cecilia M. A. Goulart | Victoria Wilson (orgs.)

d) partilhar um objetivo comum, para o qual concorra a diversidade de experiências.

Os textos analisados nesta investigação fizeram parte de um projeto didático que tinha como objetivo a construção individual de um texto que utilizasse elementos dos contos de fada conhecidos. Para isso, o projeto se desenvolveu em diferentes etapas: 1) exibição do filme *Encantada*, que apresenta uma história tendo como base vários elementos dos contos de fada tradicionais; 2) análise do filme, identificando os elementos presentes; 3) estudo de contos tradicionais, com o propósito de mapear os elementos da narrativa (tempo, espaço, personagens, conflito, trama, desfecho); 4) estudo de recontos dos contos tradicionais, como os de Flávio de Souza (1995, 2005), observando a mudança dos elementos da narrativa em relação ao conto original; 5) planejamento do conto; 6) produção do texto; 7) revisão.

A produção analisada aqui fez parte da terceira etapa do projeto, que propunha o estudo dos contos tradicionais e foi desenvolvida em dois momentos. No primeiro deles foi lido o conto "A moura-torta", publicado na *Revista Ciência Hoje das Crianças* (CHC), número 176, no qual foram identificados os elementos da narrativa: personagens principais e secundários, apresentação, conflito e desfecho. Na segunda parte do estudo, foi feita a reescrita do conto.

O intuito da reescrita é fazer que as crianças reproduzam um texto que já conhecem bem, para que possam se preocupar mais com o "como" vão escrever do que com o conteúdo em si. Os alunos memorizam o enredo e, como o texto é estudado, solicita-se a eles que se aproximem da escrita do original. Como resultado, há diferentes versões do texto, em que se notam tanto a reprodução de passagens de maneira similar às do texto-fonte como a presença de sínteses da história e intercalação de outras versões. Bakhtin

(2000), ao analisar a função do autor, afirma que ele se orienta pelo conteúdo submetido ao seu desígnio artístico e distingue três elementos básicos em sua tarefa: o conteúdo, o material e a forma. Os elementos não são distintos; antes, relacionam-se e mantêm entre si uma relação de dependência. O material, a palavra, se submete ao conteúdo. Para ele (Bakhtin, 2000, p. 206),

"o artista trabalha a língua não enquanto língua, ele a supera enquanto língua, pois não é em sua determinação linguística (morfológica, sintática, lexicológica, etc.) que ela deve ser percebida, mas no que a torna um recurso para a expressão artística".

Na atividade de reescrita, consideramos a existência de uma produção que já possui forma e conteúdo definidos pelo autor, que são tratados de forma diferente pela criança que reescreve e se coloca na condição de coautor: o conteúdo, já conhecido, é reproduzido, e são focalizados os dois outros elementos, a forma e o material.

A atividade faz parte do conjunto de procedimentos de ensino utilizados pelo DEF e foi descrita por Germano (1997) em um texto da coletânea elaborada para subsidiar alguns programas da série "Um salto para o futuro", exibida pela Televisão Educativa do Rio de Janeiro (TVE). A proposta de reescrita será analisada mais detidamente no próximo item deste capítulo.

Para a pesquisa foram feitas duas gravações em vídeo do processo de escrita, em dias diferentes. Na primeira, filmamos a primeira escrita e, na segunda, a revisão textual. A atividade foi antecedida de uma conversa entre a professora (Cristina) e os alunos, visando reconstruir o conteúdo da narrativa. A transcrição do vídeo, a seguir, mostra como os sujeitos vão recompondo a história, de acordo com suas principais marcas, estudadas anteriormente (apresentação, problema, desfecho):

50 • Cecilia M. A. Goulart | Victoria Wilson (orgs.)

Conforme vocês discutiram aqui com a Cláudia, a gente tem que relem-brar o que vocês fizeram. (Cristina)

Então, ontem a gente teve que ler o texto, não foi, Gabriel? (Cristina)

Vocês leram o texto... (Cristina)

Mas antes de fazer a reescrita... (Cristina)

Apresentação, o problema... (Várias crianças)

Apresentação, o problema... Qual foi o problema? (Cristina)

O problema foi a moura-torta viu, no lago, o reflexo da moça e ela pensou que fosse ela... (Pedro)

Da moça em cima da árvore... (Lucas)

É... (Pedro)

Aí ela quebrou o vaso e ela foi embora pro castelo, levou uma bronca da outra bruxa... (Pedro)

Não tem bruxa nenhuma nessa história... (Lucas)

Não é essa história que a gente leu. (Lucas)

É sim. (Cristina)

Que ela não vai pra nenhum castelo. (Lucas)

Vai sim!!! (Todos dizem.)

[Começa uma pequena discussão entre as crianças.]

A moura-torta volta pro castelo e aí, não sei o quê, não sei o que lá... (Nicole)

E qual foi a maneira que o autor achou pra ter a solução do problema? (Cristina)

Vamos ouvir a colega! (Cristina)

É que... quando... foi que a bruxa, a moura-torta, que se tornou na moça, né, disse que queria comer uma pomba, porque sabia que ele tava indo lá, perguntando pro jardineiro como é que ia o príncipe... (Ana Luiza)

Após a rememoração coletiva, cada um passou a fazer o seu texto, sabendo que poderia consultar o texto-fonte (posto em uma cadeira) caso tivesse alguma dúvida, como se depreende da fala da professora:

Bom, então agora vocês vão começar a fazer a reescrita. (Cristina)
A qualquer momento vocês podem consultar o texto, que está ali na cadeira, tá?
Quem esqueceu alguma parte pode olhar... não pode copiar, é reescrita, tem que escrever com as suas palavras. (Cristina)

No segundo momento, uma semana depois, alguns alunos concluíram sua reescrita, enquanto outros faziam a revisão de seus textos. Nesse momento, não houve intervenção docente, para que se pudessem verificar os conhecimentos partilhados pelo grupo de alunos.

Foram analisados os textos dos alunos Beatrice, Ana Luiza, Guilherme, Flávio, Luis Fellipe, Pedro, Renata, Nicole, Gaia, Maria Raquel, Gabriel, Lucas, Pablo e as discussões ocorridas durante a escrita, gravadas em vídeo por uma aluna da graduação em Pedagogia, participante de um dos projetos de Iniciação à Docência do DEF, com o objetivo de encontrar nas falas elementos que nos permitissem compreender o processo de escrita.

Pautando-nos nos conceitos bakhtinianos acerca da produção enunciativa, debruçamo-nos sobre os textos buscando as marcas dos sujeitos escritores, compreendendo que, ao tentar reproduzir um texto pronto, eles produzem outro discurso, em uma atividade ativa em face do texto. As marcas representam formas estáveis traduzidas pelos sujeitos, os quais se apresentam perceptíveis na produção por meio dos acréscimos, omissões e transformações operadas nas versões feitas pelas crianças do texto "A moura-torta".

A reescrita em uma perspectiva enunciativa: as marcas do sujeito-autor

Para analisar a proposta de reescrita é preciso, em primeiro lugar, distingui-la da cópia e da revisão textual. O sentido que usamos nesta pesquisa é o de uma atividade cujo propósito é fazer que os sujeitos se apropriem de elementos da linguagem escrita ao reproduzir, com a maior fidelidade possível, um texto já publicado. Ao copiar um texto, o aluno retrata de maneira fiel o modelo, e o trabalho de revisão constitui outra etapa do processo de escrita. Na reescrita, os alunos se aproximam de um texto que já está pronto. Para que não haja cópia e sim uma reelaboração, o modelo oferecido não fica disponível fisicamente. A criança reflete sobre ele, e deste exercício nasce um novo texto, que guarda tanto as características do original quanto as marcas do sujeito-autor. É um processo de reinvenção.

Rojo (2007), ao fazer uma revisão das perspectivas teóricas para o ensino da escrita, discute a proposta enunciativa a que se filiariam os neovygotskyanos, superando teorias cognitivistas ao considerar a esfera discursiva. A autora analisa a proposta de gestão da produção escrita descrita por Schneuwly (1998, *apud* Rojo, 2007), indicando que, nessa proposta, é a situação de enunciação que orienta o escrevente, e dizendo que a gestão da produção não é linear, segundo teóricos de vertente mais cognitivista, e sim interativa, em que as determinações da produção textual são diversas e estão todo o tempo em intenso diálogo. Desse modo, uma escolha lexical, por exemplo, não atende apenas a critérios lexicológicos, mas a todo o contexto de criação, no qual estão presentes a situação de origem, a situação para a qual se dirige o texto, as ponderações sintáticas e semânticas.

Logo nas tentativas de reprodução do primeiro trecho do conto original podemos observar como as intervenções discursivas dos sujeitos revelam formas de compreensão do escrito e os conhecimentos de que eles dispõem para recontar a história. No texto original, temos a seguinte narrativa:

Aprender a escrita, aprender com a escrita • **53**

> Um rei tinha três filhos. Quando os príncipes chegavam à idade de casar, ele os mandava em expedição para conhecer uma linda moça com quem se casariam. Para cada um deu um presente muito especial: uma fruta com poderes mágicos! Para o primeiro, deu uma melancia; para o segundo, um melão; e para o terceiro, uma laranja. Antes de presenteá-los, o rei sempre tinha o cuidado de recomendar: "Só abram as frutas em lugar onde exista água". O filho mais velho partiu primeiro, mas não aguentou a curiosidade. Ainda perto de casa, abriu a sua melancia. De dentro da fruta pulou uma moça muito bonita, dizendo: "Por favor, me dê água". Mas não existia ali nenhum córrego. Então, a moça sumiu!

Beatrice se esforça para, em seu texto, se aproximar ao máximo do original, mas algumas opções que faz nos trazem elementos importantes para a análise:

> Um rei tinha três filhos. Quando os principes chegava[m] a uma certa idade o rei mandava-os principes fazerem uma excursão e para casar-se com uma linda moça.
>
> Quando os filhos do rei saem de casa[,] ele presentia seus filhos com umas frutas mágicas.
>
> O filho mais velho ganhou uma melancia, o filho do meio ganhou um melão e o filho mais novo, ganhou uma laranja, mas o rei antes de presentia-los recomendou:
>
> – Só abram suas frutas, perto de rios ou lagos.

A menina emprega a palavra *excursão* no lugar de *expedição*, que não guarda o mesmo sentido, pois a palavra usada pelo autor diz respeito a um estudo, enquanto a escolhida por Beatrice abriga o sentido do lazer. Porém as duas palavras apresentam similaridade em relação ao sentido e ao som. A escolha lexical comporta sentidos emergentes da atividade reflexiva sobre a língua aos quais a criança se filia.

Um segundo elemento se repete em outros três textos: a escolha da frase *não aguentou de curiosidade*, no lugar de *não aguentou a curiosidade*. Dos cinco autores que mantiveram a frase em suas reescritas, quatro realizaram a troca, enquanto apenas um manteve o original. Percebe-se o uso coloquial da frase usada pelos quatro escritores, presente no universo de referência deles. A relação dos autores com o texto-fonte não pode ser notada somente como uma adequação das palavras a um contexto de criação, mas como a revelação de valores e experiências vividas. O texto é guiado na direção do sentido, portanto na direção do outro. Para Bakhtin (2000), a superação da palavra como tal significa a primazia do sentido e da experiência estética na produção escrita, em que ela é utilizada como "expressão do mundo dos outros", e da relação do autor com o mundo.

Estudos sobre a apropriação da escrita (Cardoso e Ednir, 2002; Nóbrega, 1997; Moraes, 2002) têm apontado que a presença de um modelo textual, conhecido e analisado pelo sujeito, permite a aproximação do escrevente com a estrutura dos gêneros textuais. A reescrita é entendida, pelos docentes do DEF, como uma estratégia de produção que garante o conhecimento dos gêneros textuais, tendo em vista que ao voltar a escrever um texto conhecido, já pronto, o sujeito "cita" o outro, preservando não só o conteúdo, mas também a forma, dependendo do conhecimento que já possui sobre a língua.

Aprender a escrita, aprender com a escrita • 55

A ideia de gênero relacionada ao ensino da linguagem escrita tem como principais fontes os construtos da teoria da enunciação e da teoria de aprendizagem na vertente sociointeracionista segundo o estudo de Vygotsky. A proposição desse autor (1987) leva em conta as produções sócio-históricas de conhecimento. Assim, o que sabemos nasce não só da nossa relação com o objeto de estudo, mas, sobretudo, é mediado por outro e pelo conhecimento produzido pela sociedade. Aqui a linguagem ganha peso especial, por poder atuar diretamente na formação das funções psicológicas superiores, uma vez que o pesquisador enfatiza a importância do signo na formação de conceitos.

Todas as funções psíquicas superiores são processos mediados e os signos constituem o meio básico para dominá-las e dirigi-las.

O signo mediador é incorporado à sua estrutura como uma parte indispensável, na verdade a parte central do processo como um todo. Na formação de conceitos, esse signo é a palavra, que em princípio tem o papel de meio na formação de um conceito e, posteriormente, torna-se seu símbolo. (Vygotsky, 1987, p. 48)

Para muitos teóricos linguísticos, como Kleiman (1992) e Smolka (1991), a análise da linguagem feita por Bakhtin (1997) amplia a discussão de Vygotsky (1987), ao explicar como as construções sociais participam da constituição do signo, ou, em outros termos, como as intervenções ideológicas são apropriadas pelo sujeito mediante o uso que este faz da linguagem. Para Bakhtin (1997), ao falarmos, colocamo-nos no lugar de quem vai nos ouvir, assim as diferentes vozes passam a fazer parte do nosso enunciado. Podemos afirmar, apoiados nessas concepções, que a formação das funções psíquicas superiores é mediada por signos, os quais são constituídos de várias vozes que se originam nas relações sociais. Como aponta Smolka (1991, p. 56), citando Maingueneau e sua

56 • Cecilia M. A. Goulart | Victoria Wilson (orgs.)

Gênese dos discursos, há um diálogo produtivo entre as considerações dos autores:

> Com base no conceito de internalização de Vygotsky e no conceito de diálogo de Bakhtin, podemos dizer que estamos em um terreno onde não só as relações sociais são, antes de tudo, linguagem (Maingueneau, 1984), mas onde linguagem/relações sociais constituem a atividade mental.

O conceito de gêneros do discurso nos permite perceber como as práticas sociais são constituintes da linguagem, ou, ainda, como as construções sociais estão na origem dos enunciados. Segundo Bakhtin (1997, p. 291), gêneros são formações relativamente estáveis que orientam a compreensão e a produção textual. Para isso, é preciso ter uma intencionalidade, uma forma e um conteúdo.

A variedade dos gêneros do discurso pressupõe a variedade dos escopos intencionais daquele que fala ou escreve. O desejo de tornar seu discurso inteligível é apenas um *elemento* abstrato da intenção discursiva em seu *todo*. O próprio locutor como tal é, em certo grau, um respondente, pois não é o primeiro locutor que rompe pela primeira vez o eterno silêncio de um mundo mudo, e pressupõe não só a existência do sistema da língua que utiliza, mas também a existência de enunciados anteriores – emanantes dele mesmo ou do outro – aos quais seu próprio enunciado está vinculado por algum tipo de relação (fundamenta-se neles, polemiza com eles), pura e simplesmente ele já os supõe conhecidos do ouvinte. Cada enunciado é um elo da cadeia muito complexa de outros enunciados.

Do ponto de vista do produtor do texto, podemos entender a reescrita como um discurso citado, dado que, para realizar a atividade, o aluno precisa se colocar no lugar de quem vai reproduzir o conteúdo de um texto, no discurso de *outrem*, sem esquecer a dialética presente no processo de enunciação. Sendo a língua

Aprender a escrita, aprender com a escrita • **57**

essencialmente dialógica (Bakhtin, 1997), tal reprodução não se dá sem que o sujeito possa trazer aquele plano narrativo para a sua própria narrativa, que vai carregada de sua vivência, apropriado de acordo com seu conhecimento da língua, e se expressa por intermédio de seu discurso interior, pois "aquele que apreende a enunciação de outrem não é um ser mudo, privado da palavra, mas ao contrário, um ser cheio de palavras interiores" (Bakhtin, 1997, p. 147). Compreender a reescrita como um discurso citado nos possibilita refletir sobre a dinâmica dos processos discursivos ali envolvidos, na medida em que explica como se dá a apropriação do discurso de outrem dentro do esforço de reprodução. Para Bakhtin (1997, p. 144),

> O discurso citado é visto pelo falante como enunciação de uma *outra* pessoa, completamente independente na origem, dotada de uma construção completa, e situada fora do contexto narrativo. É a partir dessa existência autônoma que o discurso de outrem passa para o contexto narrativo, conservando o seu conteúdo e ao menos rudimentos da sua integridade linguística e da sua autonomia estrutural primitivas.

Observando a produção dos alunos, identificamos que, no esforço de transpor para o contexto narrativo que está sendo construído individualmente pelas crianças aquilo que está posto pelo discurso de *outrem*, elementos estruturais primitivos dialogam com os recursos de que dispõe cada escrevente. A análise do primeiro trecho da produção de três crianças nos fornece material para o que estamos afirmando:

ALUNO	TRECHO INICIAL
Guilherme	*Um rei tinha três filhos. Quando chegava a idade de casar seu pai lhes manda em expedição para conhecer com quem ia se casar.* *Para cada um deu-lhe uma fruta magica. Para o mais velho deu uma melancia, para o do meio um melão e para o caçúla uma laranja. Mas o rei disse:* *- Só abram essas frutas em lugar que tenha água, entendeu.* *O filho mais velho partiu mas não aguentou de curiosidade e abriu num lugar que não tinha, de dentro saiu uma moça bonita e lhe pediu água, como não havia agua por perto a moça desapareçeu.*
Flávio	*Era uma vez um rei que tinha 3 filhos. Quando os principes chegavam a idade de se casar e conhecer o mundo deu uma melancia para o mais velho um melão pro do meio e uma laranja para o caçula.* *Quando o filho mais velho partiu para o mundo seu pai o avisou:* *- Só abra perto da água.* *Só que perto de casa ele abriu a melancia, e de dentro dela saiu uma bela moça pedindo:* *- Água, me de água por favor!!!!* *Sem água por perto a moça desapareceu.*
Maria Raquel	*Um rei tinha três filhos cada um recebeu uma fruta mágica onde tinha uma linda moça então o rei disse:* *- Só abram as frutas quando estiver perto de um riacho.* *Perto de casa o mais velho não aguentava mais a curiosidade e abriu a melancia e da melancia saiu uma linda moça que falou:* *- Por favor pode da água – falou a moça.* *Mas não tinha nenhum riacho ou córrego a moça sumiu*

Enquanto os dois primeiros mantêm a sequência presente no texto original (identificação dos três filhos, ordem do pai, frutas mágicas, desobediência do filho, aparecimento da linda moça e seu desaparecimento), a menina já expõe o que era de seu conhecimento como leitora: as frutas continham uma linda moça. No entanto, em seu texto, a palavra *córrego*, mais sofisticada para essa etapa de produção, é mantida, acompanhando a palavra *riacho*, que não aparece no texto original. As diferenças entre as versões revelam o repertório de conhecimento que cada criança possui e suas escolhas, carregadas dos valores sociais dos quais está impregnada.

Em 1997, Nóbrega já analisava produções dessa natureza, visando compreender as concepções de escrita das crianças e favorecer uma relação de coautoria entre professor e aluno que ultrapassasse a "imposição das coerções normativas", já que a produção se dá em um esforço de colaboração, no qual um escritor mais experiente ajuda ao menos experiente. Em sua escuta, a autora analisa, em diferentes produções, os recursos usados pelos autores na direção da apropriação das estruturas textuais, reconhecendo as marcas de autoria e as possibilidades de intervenção do professor. Nóbrega enfatiza a importância da reescrita como estratégia didática que não provoca o apagamento do sujeito:

> Defender que se aprende a escrever através de processos de reescrita não deve de modo algum ser confundido com assujeitamento, com reprodução. Estamos destacando o óbvio: todo texto é uma reescrita. O "outro" é constitutivo de nossa palavra. Se aprendemos a falar jogando com a linguagem, "tocando-a de ouvido", penso ser possível aprender a escrever através dos outros textos. A intertextualidade é constitutiva no processo de apropriação das características dos diversos gêneros: escrever, dentro de um determinado gênero, é construir variações para um mesmo tema. A forma conforma as possibilidades do dizer; mas o dizer não se

60 • Cecilia M. A. Goulart | Victoria Wilson (orgs.)

submete plenamente. Há vezes em que é preciso forjar novas formas (fórmas/fôrmas). (Nóbrega, 1997, p. 101)

Bakhtin (1997) nos diz que, ao citarmos o discurso do outro, temos a indicação das "tendências sociais estáveis características da apreensão ativa de outrem que se manifestam nas formas da língua". Apesar de, na reescrita, o conteúdo estar dado pelo texto-fonte, a forma de recriação do texto proposta pelo sujeito é reveladora de sua relação com o mundo dos outros e com a palavra.

Já analisamos uma troca feita pela aluna Beatrice em seu texto, da palavra *expedição* pela palavra *excursão*. Quanto ao mesmo trecho, observa-se que Guilherme mantém a palavra *expedição* e revela o conhecimento de estratégias coesivas importantes, como o uso do pronome oblíquo *lhe* relacionado à omissão da referência aos príncipes, presente no texto original, como se pode verificar no trecho recortado de sua escrita:

Um rei tinha três filhos. Quando chegava a idade de casar seu pai lhes manda em expedição para conhecer com quem ia se casar.

Para cada um deu-lhe uma fruta magica. Para o mais velho deu uma melancia, para o do meio um melão e para o caçúla uma laranja. Mas o rei disse:

- Só abram essas frutas em lugar que tenha água, entendeu.

O filho mais velho partiu mas não agüentou de curiosidade e abriu num lugar que não tinha, de dentro saiu uma moça bonita e lhe pediu água, como não havia agua por perto a moça desapareçeu.

O do meio aconteceu que que a barriga dele começou a roncar, não teve outra abriu o melão, de dentro saiu uma moça ainda mais bonita, como não tinha água a moça desapareceu.

Aprender a escrita, aprender com a escrita • **61**

O pronome *lhe* foi repetidamente utilizado pelas crianças e foi objeto de discussões, como se observa na transcrição abaixo:

Existe a palavra "fincou-lhe"? (Pablo)

Como? (Cristina)

Fincou-lhe! (Pablo)

(Alguns respondem.)

Existe...

Fincou-lhe um alfinete na cabeça... (Pablo)

Fincou-lhe é junto ou separado, Pablo? (Cristina)

Separado, tem que botar o tracinho no "lhe"! (Pablo)

Ou então pode ser lhe fincou, depende do que vier antes no seu texto. Como é que está a sua frase? (Cristina)

E foi subindo aos poucos junto da moça. Quando estava ao lado dela, fincou-lhe um alfinete na cabeça... (Pablo)

Então é melhor "fincou-lhe". (Cristina)

O objeto da discussão era a existência isolada dos pronomes oblíquos e de outras palavras que na expressão oral parecem constituir um só vocábulo e, para o grupo, configurava-se como um conhecimento em construção. A intervenção da professora assume a forma da de um escritor mais experiente, com o qual as crianças contam no momento da escrita. Porém, não representa apenas o sujeito que fornece informações, mas aquele que pensa a língua e contribui para a reflexão do grupo, como se verifica na discussão sobre a escrita das palavras "separadas":

O que você quer saber? (Cristina)

"Soque"... (Gaia)

Soque? Você está mandando socar alguém? (Cristina)

Ué, soque... (Cristina)

Só que... (Cristina)

O que é que você acha? (Cristina)

Separado... (Gaia)

Ah, é separado!

Porque ela escreveu junto... Aí eu perguntei o que ela escreveu, ela falou "soque"...

Aí eu falei, então vamos socar... soque...

Soque a Gaia, né, Gaia? (Cristina)

[Risos... A discussão continua.]

Só que, ela percebeu que "soque" é separado, não junto... [Risos]

É isso?

Parabéns, Gaia!

É assim que a gente reflete sobre a nossa língua, né?

A gente fala "só que"...

A gente fala tudo junto, mas, na hora de escrever, são duas palavras. (Cristina)

[Algumas crianças comentaram o assunto sem se aprofundar. Uma delas disse: "Eu coloquei separado".]

A mesma coisa que naquele dia que o Lucas falou "temque"...

Lembram disso? A gente estava discutindo isso... (Cristina)

[...]

Cristina, "por favor" é tudo junto? (Gaia)

"Por favor" é tudo junto, gente? (Cristina)

Não!

Depende... (Nicole)

Depende do quê? (Cristina)

É porque tem o "por favor"... não... é separado! (Nicole)

Por que é que tem junto e separado! (Nicole)

Ah, pode ser separado ou junto, dependendo da situação. (Cristina)

[Inicia-se uma discussão e todos falam juntos.]

Separado é pergunta e junto é resposta. (Lucas)

*É, tem várias questões aí. Mas o "por favor" então está respondido. É
separado. (Cristina)*

Apesar da discussão e das orientações da professora, Gaia mantém em seu texto algumas palavras com a segmentação equivocada:

Eles foram, o mais velho que já estava viajando ficou com fome e abriu a sua fruta, e **derepente** apareceu uma moça de dentro da fruta e falou para ele:

- Dei-me água ou leite **porfavor**.

Percebe-se, na manutenção do "por favor" em um só vocábulo, que o conhecimento da língua não se constrói pela apreensão de uma informação externa, mas por um procedimento interno de compreensão do fato linguístico, que não se relaciona apenas com a palavra isolada, mas com um conjunto de conhecimentos. No texto de Gaia ainda se mantêm erros ortográficos de desconhecimento de regras estáveis, como o uso do m/n antes de consoantes, o que nos leva a acreditar que há conceitos sobre a organização da escrita que estão sendo apropriados pela pequena escrevente.

As discussões sobre ortografia que mobilizaram Gaia caminham ao lado das questões de textualização, como os elementos de coerência e coesão, o que condiz com o que Rojo (2007) afirma acerca dos estudos sobre o aprendizado da escrita sob a perspectiva enunciativa: as questões não se dão linearmente, mas de forma complexa, guiadas pelo sentido. A fala de Gabriel vai nessa direção:

O que é que você apagou, Gabriel? (câmera)

É que... eu tinha... eu me confundi... moça mais bonita ainda do que ele... só que não é ele!

Na primeira vez saiu a moça da melancia, só que não saiu o homem que abriu a melancia, saiu uma outra mulher... por isso eu tenho que ver no texto. (Gabriel)

No texto de Guilherme, observamos como algumas omissões sobre o texto original dão lugar a acréscimos importantes para a garantia do conteúdo da narrativa. A importância da advertência feita pelo pai, que no texto original se revela na frase *o rei sempre tinha o cuidado de recomendar*, no texto de Guilherme aparece na força da palavra *entendeu*, enfaticamente colocada ao final da frase. É o reforço, provavelmente vivido pelo menino no cotidiano, que se junta à narrativa original e lhe confere maior força locucional.

A narrativa de tradição oral, como a moura-torta, possui diferentes versões, constituídas ao longo da história. Nas produções encontramos elementos de outra versão que, soubemos depois, havia sido lida para o grupo no ano anterior, escrita por Monteiro Lobato em *Histórias da tia Nastácia*. Nessa, a princesa pede água ou leite, e não só água, como na versão que serviu de modelo para a atividade. Esse uso foi observado em duas produções:

Era uma vez um rei que tinha 3 filhos.

Quando chegou a hora deles se casarem o rei deu para o mais velho uma melancia, para o do meio um melão e para o mais novo uma laranja e lhes recomendou que só abricem as frutas quando ouver água porperto. O primeiro filho, ainda perto de casa, com fome apriu sua fruta e de dentro da fruta saiu uma moça muito bonita. E lhe disse:

- Dême água ou leite.

O filho mais velho olhou para os lados e não achou água então a moça desapareceu (Lucas)

Era uma vez um rei que tinha três filhos. O rei deu pro filho mais velho uma melancia, pro filho do meio deu um melão, e pro caçula deu uma laranja, e o pai disse:
- Filhos vocês só devem abrir as frutas, perto de um riacho
– o filho mais velho seguiu o seu caminho, mas no meio da viagem não resistiu e abriu a melancia, de dentro saiu uma moça linda pedindo água como não tinha ela morreu.

O filho do meio saiu, e não muito longe abriu o melão, de dentro saiu uma moça mais linda do que a outra que também pediu água, como não tinha desapareeu. O filho caçula seguiu o conselho do pai, e só abriu quando estivece num poço. Quando chegou ao poço abriu a laranja e de dentro saiu uma moça mais linda do que as outras e falou:
- Me de água ou leite – O filho caçula então pegou um balde de água, deu a moça, e ela bebeu até se infartar e ele falou: (Nicole)

Os autores fazem uso do universo que têm à sua disposição, constituindo, com base em um modelo, outras versões, e participando ativamente da construção social da linguagem.

Considerações finais

Pensamos, com Goulart (2009), que a escola é espaço de explicitação de conceitos, contradições e tensões presentes na esfera da linguagem. Ao compreender os processos de construção de sentidos e propor a ampliação de vivência com a literatura, com a arte, a música, enfim, com os diferentes produtos culturais humanos, acreditamos estar contribuindo para a construção de sujeitos capazes de se colocar ativamente nos espaços sociais, produzindo textos e leituras dos textos, da realidade, da vida.

Os espaços de tensão e criação de subjetividades no interior da prática educativa precisam ser vividos a fim de proporcionar o olhar crítico sobre as produções, abrigando as diferentes subjetividades e formas de se relacionar com o conhecimento. A atividade de reescrita, longe de exigir uma postura passiva perante a linguagem, propõe a ampliação do espectro de vivências das crianças e abre para as diferentes possibilidades de dizer o que já foi dito, como sempre se fez na história da humanidade.

Notas

1 O ingresso no CAp/Uerj é feito somente por sorteio público no primeiro ano do ensino fundamental ou por concurso no sexto ano. dele participando apenas as crianças cujos responsáveis estejam presentes O edital para ingresso no primeiro ano exige que todas as crianças tenham completado 6 anos até 28 de fevereiro do ano de ingresso e não tenham mais de 7 anos na mesma data. São destinadas 60 vagas, 50% à comunidade externa e 50% aos servidores da Uerj, divididos em três categorias: docentes, técnico-administrativos e pertencentes ao quadro do Hospital Universitário Pedro Ernesto. Todo o processo seletivo é acompanhado pela diretoria jurídica da universidade.

O primeiro segmento foi criado pelo Ato Executivo n. 861 em fevereiro de 1977, pelo então reitor Caio Tácito, como uma resposta à reivindicação do corpo docente, pois o colégio, fundado em 1957, atendia somente ao segundo segmento do então chamado primeiro grau, hoje ensino fundamental, e ao segundo grau, atual ensino médio. Em 1986 implantou-se a classe de alfabetização, o que fez que o ingresso, antes feito por exames admissionais para a primeira série, passasse a ser feito por sorteio. O colégio foi criado para ser campo de investigação de novas metodologias para os cursos de licenciatura da então Universidade do Distrito Federal, hoje Universidade do Estado do Rio de Janeiro (Uerj), ideia que acompanhou a implantação do primeiro segmento e é responsável pela realização de diferentes pesquisas sobre suas propostas metodológicas. Funciona, assim, como campo de estágio e possui atividades de pesquisa e extensão. A partir de 2001, o Colégio de Aplicação Fernando Rodrigues da Silveira transformou-se em Instituto de Aplicação, passando a atuar, então, como uma unidade acadêmica autônoma.

Aprender a escrita, aprender com a escrita • **67**

2 O CAp/Uerj, por ser uma unidade acadêmica da Uerj, se organiza por departamentos e sua gestão é colegiada.

Referências bibliográficas

BAKHTIN, Mikhail (Voloshinov). *Marxismo e filosofia da linguagem*. Tradução Michel Lahud e Yara Frateschi Vieira. 4. ed. São Paulo: Hucitec, 1997.

BAKHTIN, Mikhail. *Estética da criação verbal*. Tradução Paulo Bezerra. 4. ed. São Paulo: Martins Fontes, 2000.

CARDOSO, Beatriz; EDNIR, Madza. *Ler e escrever, muito prazer!* Rio de Janeiro: Ática, 2002.

GERALDI, João W. *Portos de passagem*. São Paulo: Martins Fontes, 1991.

GOULART, Cecilia M. A. "Sujeitos, espaços educativos e processos de ensino-aprendizagem: uma discussão a partir de Bakhtin". *Revista Teias* online, v. 10, n. 19, 2009. Disponível em: <http://www.periodicos.proped.pro.br/index.php?journal=revistateias>. Acesso em: nov. 2009.

KLEIMAN, Angela B. *Texto e leitor – Aspectos cognitivos da leitura*. Campinas: Pontes, 1992.

MORAES, Marliza B. de. *A aprendizagem da escrita por crianças de classes populares: discutindo uma prática pedagógica*. 2002. Dissertação (Mestrado em Educação). Faculdade de Educação da Universidade Estadual do Rio de Janeiro (Uerj), Rio de Janeiro, 2002.

NÓBREGA, Maria José Martins de. "A reescrita e os caminhos da construção do sujeito". *Série Ideias*, São Paulo: FDE, 1997, n. 28, p. 77-108.

HALLIDAY, Michael A. K. *Learning how to mean*. Londres: Edward Arnold, 1975.

ROJO, Roxane. "Revisitando a produção de textos na escola". In: VAL, M. G. Costa; ROCHA, G. (orgs.). *Reflexões sobre práticas escolares de produção de texto – O sujeito-autor*. Belo Horizonte: Autêntica, 2007, p. 185-205.

68 • Cecilia M. A. Goulart | Victoria Wilson (orgs.)

SMOLKA, Ana Luiza B. "A prática discursiva na sala de aula: uma perspectiva teórica e um esboço de análise". In: *Caderno Cedes*, n. 24, Campinas, 1991, p. 51-65.

SOUZA, Flávio de. *Que história é essa?: novas histórias e adivinhações com personagens de contos antigos*. São Paulo: Companhia das Letrinhas, 1995.

_____. *Que história é essa? 2: novas histórias, adivinhações, charadas, enigmas, curiosidades, diversões e desafios com personagens de contos antigos*. São Paulo: Companhia das Letrinhas, 2005.

VYGOTSKY, L. S. *Pensamento e linguagem*. São Paulo: Martins Fontes, 1987.

Capítulo 3

A escrita de registros de experiência científica por crianças do quarto ano de escolaridade: "Será que vai dar certo?"

Eleonora C. Abílio
Vanêsa V. S. de Medeiros

Introdução

O poeta Manoel de Barros, em seu fazer poético primoroso, acolhe o leitor mostrando o quanto as crianças despertam desde cedo para as coisas do mundo, em especial para as coisas da natureza que as cercam. Diz ele em "Soberania":

Naquele dia, no meio do jantar, eu contei que tentara pegar na bunda do vento – mas o rabo do vento escorregava muito e eu não consegui pegar. Eu teria sete anos. A mãe fez um sorriso carinhoso para mim e não disse nada. Meus irmãos deram gaitadas me gozando. O pai ficou preocupado e disse que eu tivera um vareio da imaginação. Mas que esses vareios acabariam com os estudos. E me mandou estudar em livros. Eu vim. E logo li alguns tomos havidos na biblioteca do Colégio. E dei de estudar pra frente. Aprendi a teoria das ideias e da razão pura. Especulei filósofos e até cheguei aos eruditos. Aos homens de grande saber. Achei que os eruditos nas suas altas abstrações se esqueciam das coisas simples da terra. Foi aí que encontrei Einstein (ele mesmo – o Alberto Einstein). Que me ensinou esta frase: A imaginação é mais importante do que o saber. Fiquei alcandorado! E fiz uma brincadeira. Botei um pouco de inocência na erudição. Deu certo. Meu olho começou a ver de novo as pobres coisas do chão mijadas de orvalho. E vi as borboletas. E meditei sobre as borboletas. Vi que elas dominam o mais leve sem precisar de ter motor nenhum no corpo. (Essa engenharia de Deus!) E vi que elas podem pousar nas flores e nas pedras sem magoar as próprias asas. E vi que o homem não tem soberania nem pra ser um bentevi. (Barros, 2008)

Em torno dos 7 anos, o menino-poeta observa os fenômenos da natureza e volta seus sentidos para o movimento do vento. O eu poético manifesta isso nas expressões *pegar na bunda do vento* e *o rabo do vento escorregava muito*. A família, no entorno, tem reações diversas diante desse menino tão imaginativo: o carinho silencioso da mãe, as galhofas dos irmãos; mas é o pai quem mais se preocupa com os *vareios* do menino e o manda estudar, pressupondo que o saber acumulado pela humanidade seria a fonte de conhecimento de valor único a que ele deveria ter acesso. A escola assume, a partir de então, um papel importante na formação do menino. No revés de seu processo de letramento, o menino descobre, entre outros, o grande cientista Einstein e com ele aprende que *a imaginação é mais importante do que o saber*.

Que sentido(s) pode o leitor atribuir ao poema "Soberania"? Por um lado, no último verso, poderíamos supor uma impossibilidade do homem de depreender a vida e vivê-la como os seres frágeis e minúsculos o fazem, advindo essa impossibilidade, talvez, das amarras sociais, da necessidade de o humano conceber o mundo por meio de conceitos, de categorias[1]. Por outro lado, numa segunda leitura, não estaria o eu poético retomando o jeito de outrora de olhar as coisas, em sua forma *alcandorada*, admirada, exaltada, de ver a vida e a natureza, usando, para isso, a imaginação? E, então, passaria a colocar *inocência na erudição*, simplicidade no conhecimento adquirido? O resultado não poderia ser outro, senão o de deixar fruir a poesia do mundo, dando a ver as coisas *mijadas de orvalho*, as borboletas que *dominam o mais leve sem precisar de ter motor nenhum no corpo*.

Será que o poeta desdiz aquela impossibilidade primeira quando, ao escrever de forma poética, se aproxima um pouco mais do universo dos seres da natureza que não se pensa a si mesma, mas simplesmente é? Ou estará nos convidando a que não percamos de vista a imaginação, apesar do conhecimento acumulado? Se assim for, deve-se supor, então, uma espécie de primazia da imaginação ou, pelo menos, a convivência de ambos, imaginação e saber, já que o olhar do eu poético não é mais o de um menino de 7 anos, mas o de alguém que estudou, leu, especulou e meditou.

Considerando o valor social que a escrita tem em nossa cultura, a escola, a consulta à biblioteca, as múltiplas leituras do menino--jovem do poema "Soberania", seu processo de letramento, enfim, contribuíram para que ele chegasse à conclusão de que conhecimento científico e vida têm uma estreita relação. Na mesma direção, o estudioso Carl Sagan afirma em seu livro *Cosmos*, mencionado pelos irmãos Brody (1999, p. 25):

> Conhecer a ciência significa conhecer a vida. Significa sentir-se mais confortável em nossa vida cotidiana e usar a ciência e a tecnologia para atingir objetivos. A ciência é parte de nossa cultura e de nossa herança. Ela é para as massas, e não apenas para intelectuais de torre de marfim.

72 • Cecilia M. A. Goulart | Victoria Wilson (orgs.)

Essas reflexões nos remetem aos estudos de Bakhtin, seja quando ele analisa a linguagem, em especial as linguagens sociais, seja quando discorre sobre o discurso e suas nuanças. Ao pensar o uso da linguagem como indissociável da atividade humana, Bakhtin (2003, p. 261 [1952-1953]) destaca que a língua passa a integrar a vida por intermédio de enunciados concretos orais ou escritos, que a realizam. Com esses enunciados, expressamos o conteúdo temático, a construção composicional e o estilo verbal dos gêneros do discurso, que constituem tipos relativamente estáveis de enunciados. Bakhtin não deixa de salientar a extrema heterogeneidade desses gêneros, incluindo aí, entre outras, "as variadas formas das manifestações científicas".

Sabemos, com o teórico russo, que o processo de compreensão ativa e responsiva é inerente à atividade mental do sujeito, amadurecendo apenas na resposta. Assim, trazemos para o foco de nossa investigação o sujeito em formação, tal como ela se dá na educação. Pensando na aprendizagem da língua escrita por parte de alunos do ensino fundamental como processos enunciativos, em termos bakhtinianos, o objetivo do nosso trabalho é identificar e compreender como as crianças do quarto ano de escolaridade estruturam seus enunciados em forma de registro de experiência científica, buscando explicações para a diversidade presente nas escritas, em especial para a construção composicional de seus registros. Interessa-nos observar se é possível depreender, nos enunciados, camadas de composição monológica e dialógica do gênero em questão, bem como marcas da presença-interlocução entre os participantes da experiência científica: de que modo(s) aquele que faz ou apresenta a experiência lê/interpreta a fonte em que se baseou; e de que forma aqueles que ouvem e veem a interpretam e registram.

Aprender a escrita, aprender com a escrita • 73

O gênero registro de experiência científica: falar a palavra do outro ou "com suas próprias palavras"?

O presente estudo foi realizado em uma turma composta por 19 alunos, sendo nove meninas e dez meninos, na faixa etária de 8 a 10 anos. Durante o ano letivo, professora e turma estabeleceram que cada aluno ficaria responsável pela apresentação de uma experiência científica, utilizando como fontes de consulta materiais como a *Revista Ciência Hoje das Crianças* (CHC), a *Revista Recreio*, o *Almanaque Ruth Rocha*, entre outras. Eles foram os próprios "cientistas" encarregados da seleção e organização do material e da execução e condução da experiência. A cada dia, foram apresentadas duas experiências, e uma delas era escolhida por eles para a produção da "Ficha científica", uma denominação atribuída pela professora.

Em seu estudo sobre obras especializadas – científicas ou artísticas –, Bakhtin observa a presença da marca de individualidade que cria princípios interiores específicos que separam uma obra de outras a ela vinculadas no processo de comunicação discursiva de dado campo cultural: seja das obras dos predecessores nas quais um autor se baseia, seja de outras de uma mesma corrente, ou ainda de obras de correntes hostis combatidas por certo autor. Para ele, a obra está disposta para a resposta do outro e para a sua ativa compreensão responsiva, que pode assumir diferentes formas. Estas podem se manifestar na influência educativa sobre os leitores e sobre suas convicções, nas respostas críticas e nas influências sobre seguidores e continuadores. Logo, uma obra determina as posições responsivas dos outros nas complexas condições de comunicação discursiva de dado campo da cultura (2003 [1952-1953], p. 279).

Pensando nos textos de natureza científica como obra no sentido bakhtiniano e, de outro lado, no processo escolar, nos voltamos para o gênero registro de experiência científica. Como mais um elo na cadeia de comunicação discursiva, algumas peculiaridades desse gênero podem ser destacadas como perspectivas de análise:

1. A tendência à influência educativa sobre os leitores.
2. A conclusibilidade específica do enunciado.
3. A especificidade de seu campo ou tema.
4. A intenção discursiva do autor/falante.
5. A tendência à organização composicional mais padronizada e menos flexível.

Com relação à experiência científica apresentada por crianças em sala de aula, que tomou como apoio os textos-fonte – sejam os de revistas de divulgação científica destinadas ao público infantil, sejam os de outras fontes como a internet – e posteriormente foi registrada pelos colegas (que chamaremos de coescritores), não seria o caso de considerarmos esse registro um gênero dentro de outro gênero (a apresentação/demonstração da experiência científica)? De um enunciado que parte de outro enunciado, para daí emergirem estruturas composicionais outras, realizadas por outros (os coautores = quem realiza a experiência, e os coescritores = quem a registra)? A palavra orientada *a partir da* e *para a* palavra do outro? Um discurso refletindo sobre o discurso do outro (o do apresentador da experiência e, paralelo a ele, o do autor do texto-fonte, melhor dizendo, o do cientista)? Ainda mais, refletindo sobre o discurso sendo ali escrito, como em uma arena de vozes que dialogam entre si?

Outros aspectos peculiares podem ser acrescentados aos anteriores. Lendo as análises concretas de Bakhtin acerca da obra de Dostoiévski, Souza (2002, p. 151) recolhe algumas particula-

Aprender a escrita, aprender com a escrita • **75**

ridades estilísticas consideradas no campo da metalinguística, das quais destacamos as seguintes para este estudo:

1. O choque e a dissonância de diferentes acentos nos limites de um todo sintático;
2. As relações interiormente dialógicas da palavra com a mesma palavra em um contexto de outro e em lábios outros;
3. As relações dinâmicas e tensas entre os enunciados;
4. A pluralidade de estilos numa mesma obra (em nosso caso, nos registros das crianças, de uma mesma experiência).

Com efeito, parece-nos que o discurso presente no gênero registro de experiência científica se constitui a partir da imbricação ou da hibridização de outros gêneros e de outros discursos: o discurso dos textos prescritivos, o discurso de divulgação científica e o discurso dos registros de experiência científica. Resulta dessa hibridização que o eixo discursivo integra elementos de esferas de linguagem que são diferentes, mas dialogam entre si. Comentaremos, ainda que resumidamente, cada um desses discursos.

Para melhor compreender o discurso prescritivo, do ponto de vista de sua estrutura composicional, tomamos emprestado o estudo de Maureen Lewis e David Wray, de 1998, apontado em Wagner Silva (2004), que expõe um modelo-padrão de apresentação de textos instrucionais, formado pelas seguintes partes: (a) uma declaração do que será descrito ou realizado; (b) uma lista dos materiais ou instrumentos necessários para o desenvolvimento das ações; (c) uma série de instruções sequenciadas; e (d) um diagrama ou ilustração. O estudo menciona também algumas marcas linguísticas características desses textos, tais como o uso de verbos no presente simples e no modo imperativo, neste último caso verbos dinâmicos, expressando ações a ser executadas; as sequências instrucionais cronologicamente distribuídas; o foco num agente

76 • Cecilia M. A. Goulart | Victoria Wilson (orgs.)

humano genérico, em oposição a um agente individual; e o uso de sentenças que expressam ação.

O discurso de divulgação científica é permeado pela expressão simultânea de dois níveis de linguagem: "Um caracterizado pela busca da objetividade e pelo efeito de neutralidade, próprios das práticas científicas de um modo geral, e outro cuja linguagem tende, em certa medida, para um registro mais coloquial, demonstrando, até certo ponto, uma relativa subjetividade" (Leibruder, 2001, p. 234). Entre as marcas linguísticas desse discurso, destacam-se o uso de um vocabulário mais próximo do leitor, o caráter metalinguístico do texto, no sentido de se autoexplicar, a presença das explicações, exemplificações, comparações, metáforas e também os recursos visuais, tudo isso concorrendo como recursos didatizantes utilizados pelo divulgador para aproximar o leitor de seu texto. Leibruder (2001, p. 236) chama a atenção para o fazer discursivo dos gêneros que constituem as revistas de divulgação científica para crianças.

> Ao escrever para um público infantil, o divulgador formulará o seu discurso a partir de elementos condizentes com o que julga ser mais apropriado a este, levando em conta fatores como idade e grau de escolaridade. Assim, além da preferência pelo emprego de períodos curtos, procurará também utilizar um léxico próprio ao universo da criança. [...] a forma de transmissão de um conteúdo inclui definitivamente a organização dos níveis linguísticos como um todo, considerando-se desde o lexical, até o morfológico, sintático, semântico e textual.

Outras características do discurso de divulgação científica, como as marcas de apagamento do sujeito, intencionando dar vez e voz ao objeto analisado, que assume a "posição de sujeito discursivo" (Leibruder, 2001, p. 241), são também comuns a uma variante do discurso de divulgação científica – o discurso mais específico das experiências científicas –, que ocorre quando o cientista pretende divulgar alguma experiência, demonstrando-a ao público leitor. Nessas circunstâncias, além de concorrerem as marcas já mencionadas, destacam-se outras que transitam entre o discurso dos textos prescritivos e o discurso de divulgação científica propriamente dito. O texto ainda deve ter uma estrutura atraente, com recursos visuais/extralinguísticos, tais como tabelas, gráficos e imagens que captem o interesse do leitor.

Quanto ao discurso dos registros de experiência científica, realizado por crianças em situação escolar, material de análise de nosso trabalho, Medeiros (2006, p. 101-2) nota que a temática do gênero é o próprio desenvolvimento da experiência científica, isto é, a descrição dessa experiência. Com base em Fiorin (2005), acrescenta que esse gênero parece muito próximo do gênero receita culinária (com seus ingredientes e modo de preparar), por incluir partes como o material utilizado e o desenvolvimento da experimentação. No estudo de Medeiros (2006, p. 103), foi observado ainda que alguns alunos redigem descritivamente seu texto, o que significa dizer que o redigem em linguagem próxima da científica, voltando-se para sua estrutura, conforme é encontrada em geral nos livros didáticos das áreas de Física, Química e Álgebra e nas revistas de divulgação científica. Essa estrutura se aproxima do discurso do gênero registro de experiência científica. Outros alunos mantêm características mais narrativas, portanto próximas da textualidade mais conhecida da criança, já que a narração se constitui no tipo de discurso mais marcante da linguagem humana.

Na análise de outros registros de experiências científicas das mesmas crianças, encontramos outras marcas que se somam àquelas já mencionadas: (a) a reflexão sobre a experiência realizada (um enunciado refletindo sobre outros enunciados); (b) a variação

78 • Cecilia M. A. Goulart | Victoria Wilson (orgs.)

no encadeamento lógico das etapas da experiência; (c) a intercorrência presente na relação entre a memória dos sujeitos envolvidos na atividade e o posterior registro da experiência científica, ou seja, as variações que ocorrem entre a apresentação/reflexão/discussão das informações e a produção do discurso adequado ao gênero, por meio da linguagem escrita.

Bakhtin (2002a, p. 139) nos ensina, quando estuda "A pessoa que fala no romance" e reflete sobre as vozes que dialogam na vida ideológica, para além da literatura, que:

> Em todos os domínios da vida e da criação ideológica, nossa fala contém em abundância palavras de outrem, transmitidas com todos os graus variáveis de precisão e imparcialidade. Quanto mais intensa, diferenciada e elevada for a vida social de uma coletividade falante, tanto mais a palavra do outro, o enunciado do outro, como objeto de uma comunicação interessada, de uma exegese, de uma discussão, de uma apreciação, de uma refutação, de um reforço, de um desenvolvimento posterior, etc., tem peso específico maior em todos os objetos do discurso.

Ainda para ele:

> [...] por maior que seja a precisão com que é transmitido, o discurso de outrem incluído no contexto sempre está submetido a notáveis transformações de significado. [...] Por isso, ao se estudar as diversas formas de transmissão do discurso de outrem, não se pode separar os procedimentos de elaboração deste discurso dos procedimentos de seu enquadramento contextual (dialógico). (p. 141)

Trazendo esse conjunto de questões para o âmbito de nossa investigação, poderíamos supor que, no contexto em que ocorreram as experiências científicas e o seu registro, a aprendizagem na área das Ciências tenha se dado pelo processo conjunto de assimilação da ação e da palavra do outro, sendo esse outro representado: (a) pelo texto-fonte; (b) pelo apresentador da experiência; e (c) pela interlocução da turma na cena da sala de aula. A grande vantagem do processo ensino-aprendizagem, em contextos como esses, está em que ao usar a palavra de outrem, bakhtinianamente falando, "com nossas próprias palavras", estamos pressupondo uma série de variantes da transmissão que incorpora a palavra de outrem em relação ao caráter do texto assimilado e dos objetivos pedagógicos de sua compreensão e apreciação (Bakhtin, 2002a, p. 142). Desse modo, perguntamo-nos: como se dá a assimilação da palavra de outrem? Haveria reações a ela? De que natureza? São esses os aspectos que pretendemos estudar no material de pesquisa selecionado.

O contexto deste estudo

Os irmãos Brody (1999, p. 19 e 26), em sua obra *As sete maiores descobertas científicas da história e seus autores*, têm razão quando nos interrogam e, em seguida, respondem:

> Uma pessoa comum pode verdadeiramente entender a ciência? Uma pessoa comum quer saber sobre ciência? A ciência é importante para nós? A resposta a essas perguntas é um retumbante SIM! [...] uma pessoa comum pode verdadeiramente entender as grandes descobertas científicas.

Para confirmar essa declaração, mencionam outro estudioso, Carl Sagan (1999, p. 25), que defende que, "seja qual for o caminho que seguirmos, nosso destino está indissoluvelmente vinculado à ciência. É essencial, por uma questão de pura sobrevivência, que entendamos a ciência". É com esse olhar que nos dedicamos à análise dos registros de experiência científica das crianças, por considerar a necessidade de observar de modo mais específico determinados aspectos relativos à estrutura composicional do gêne-

80 • Cecilia M. A. Goulart | Victoria Wilson (orgs.)

ro. Das 19 experiências listadas na tabela de Medeiros (2006, p. 43), excluídas as três já trabalhadas em pesquisa anterior ("Pimenta tem medo de sabão", "Chuva perigosa" e "Manteiga derretida"), foram selecionadas duas, tendo como critério a distância no tempo entre elas – 18 dias: "Faça um vulcão", realizada em 18 de agosto de 2005, e "Observando crateras", em 5 de setembro daquele mesmo ano.

O material de pesquisa deste estudo constitui-se de textos de alunos de uma turma do quarto ano do ensino fundamental (antiga terceira série), do Instituto de Aplicação Fernando Rodrigues da Silveira, também chamado CAp/Uerj, localizado no Rio Comprido, bairro da zona norte do município do Rio de Janeiro[2]. Das 15 crianças que haviam participado das experiências, sete fizeram o registro das duas experiências: duas meninas e cinco meninos. Esses 14 textos formam o material analisado, conforme o quadro abaixo.

Quadro 1 – Sujeitos envolvidos nas duas experiências realizadas.

Título das experiências	Sujeitos envolvidos	Apresentador(a) da experiência + Assistente
"Faça um vulcão" (18/8/2005)	Adrianne. Anne Ely. Danilo. Glauco. Laila. Lucas. Luiza. Matheus. Michel e Thiago	Adrianne + Beatriz
"Observando crateras" (5/9/2005)	Ana Carolina. Danilo. Glauco. Juliana. Lucas. Laila. Luiza. Matheus. Theo. Thiago e Victor	Thiago + Victor

Aprender a escrita, aprender com a escrita • **81**

Os textos-fonte

Faça um vulcão[3]

Material

Placa de madeira, lata pequena cilíndrica e barro
Pedras, paus, folhas secas e areia
Vinagre, corante vermelho e bicarbonato de sódio

Um vulcão em erupção

Certamente já sabes o que é um vulcão. E até já deves ter visto o fogo a sair da boca de um vulcão num livro ou na televisão. Dizemos que um vulcão está em erupção quando da sua boca saem gases, cinzas ou lava, um líquido espesso e muito quente que, ao arrefecer, se transforma nas rochas que cobrem o vulcão. À medida que estas rochas se acumulam, o vulcão fica com a forma de um monte, tendo no cimo a boca ou cratera. Mas também há vulcões que estão "adormecidos", isto é, não estão em erupção.

No interior da Terra as rochas estão líquidas e muito quentes. Estes líquidos fazem uma grande força sobre a superfície. Sempre que encontram um buraco saem. Assim aparecem os vulcões. Por vezes a lava sai com tanta força que parte é atraída ao ar e outra parte escorre ao longo do vulcão.

É fácil fazer um modelo de vulcão e perceber como a lava desce.

Precisas de uma lata, barro, uma placa de madeira, vinagre tinto e bicarbonato de sódio; podes usar pedras, paus e folhas do quintal para enfeitares o vulcão.

82 • Cecilia M. A. Goulart | Victoria Wilson (orgs.)

> Começa por colocar a lata virada para cima no centro da placa de madeira. Aplica barro à volta da lata dando ao barro a forma de um vulcão: largo embaixo e estreito em cima, com a largura da lata. A lata deve ficar bem escondida, mas deixa a abertura destapada. Enfeita a encosta do teu vulcão com as pedras, paus e folhas, que apanhastes no quintal. Deixa secar durante vários dias. Não o ponhas ao Sol senão pode estalar! Quando estiver seco está pronto...
>
> Vamos agora ver como funciona o vulcão. Deita lá dentro o vinagre. Se o vinagre for branco acrescenta-lhe umas gotas de corante vermelho. Junta bicarbonato de sódio.
>
> O que observas? Não achas que o teu modelo parece mesmo um vulcão verdadeiro? Como saiu a lava? Saiu por todos os lados ou escolheu um certo caminho?
>
> Vai deitando mais vinagre e mais bicarbonato de sódio... se quiseres que o teu vulcão esteja em erupção. Quando juntas o bicarbonato de sódio ao vinagre liberta-se um gás que sai da lata arrastando consigo o vinagre tal qual numa erupção.
>
> Viva!
>
> O vulcão entrou em erupção!

Ao contrário do que consta no registro de algumas crianças, como o de Luiza, por exemplo, o texto-fonte fornecido pela professora não é da *Revista Recreio*. Ainda assim, o texto apresenta marcas do discurso de divulgação científica destinado ao público infantil (reparar os enunciados dos dois primeiros parágrafos, que se voltam para explicações sobre vulcões, gases, lavas, rochas, cratera, erupção) e do discurso dos textos prescritivos. O uso do tratamento "tu", muito comum na língua portuguesa de Portugal (origem do site), não é familiar a crianças brasileiras de todas as regiões. O fato é responsável também por algumas marcas/estruturas lexicais e sintáticas.

Como veremos, a experiência realizada pelas crianças diferiu do texto-fonte quanto ao material para o vulcão propriamente dito. Naquele, a sugestão consiste em preparar um vulcão com uma lata, barro e placa de madeira.

Será que um asteroide atingirá a Terra? Experiência: "Observando crateras"[4]

A primeira parte do texto apresenta temática e construção composicional características do gênero discurso de divulgação científica para criança. Por questões de espaço, ela não será aqui apresentada. A segunda parte expõe a experiência "Observando crateras", nos moldes dos enunciados dos textos prescritivos. Para cotejo com os registros das crianças, consideramos por bem transcrever essa segunda parte, conforme está na *Revista Ciência Hoje das Crianças*.

Você vai precisar de:

Bacia de pelo menos 60 centímetros de diâmetro e 10 centímetros de profundidade; areia fina; 4 bolas de gude iguais; bolas de tamanhos maiores que bolas de gude (2 a 3 centímetros de diâmetro), sendo cada uma delas de material diferente, por exemplo, madeira, vidro, ferro, plástico ou alumínio; fita métrica; régua.

Como fazer

Meça o diâmetro das marcas formadas pelo impacto, sem danificar a areia.

84 • Cecilia M. A. Goulart | Victoria Wilson (orgs.)

Observe: Qual bola criou uma marca mais profunda e maior? Por quê?

Alise novamente a bacia.

Solte as bolas de gude idênticas contra a areia: a primeira de uma altura de um metro, a segunda de uma altura de dois metros. Meça agora os diâmetros e as profundidades das crateras. Agora solte a terceira bola de um metro de altura e, da mesma distância, atire a quarta bola para baixo com grande velocidade inicial. Observe o que aconteceu.

O que você poderia dizer se cada uma das bolas representasse um meteorito e as marcas deixadas na areia equivalessem às crateras que surgiram no local onde esses "meteoritos" caíram? Agora, diga lá, o que um meteorito precisa ter para fazer uma cratera bem grande?

Maria Elizabeth Zucolotto. Departamento de Geologia e Paleontologia do Museu Nacional.

A experiência em si é mais complexa do que a do vulcão, uma vez que se constitui de diversas etapas e procedimentos, além de propor a utilização de variados materiais, como é o caso das bolas de tipos diferentes e das bolas de gude de tamanhos diversos. Cabe apontar que, diferentemente do modelo de apresentação dos textos instrucionais, apontado por Maureen Lewis e David Wray, de 1998, no estudo de Wagner Silva (2004), a experiência ora descrita se inicia pelo material a ser utilizado para, em seguida, apresentar os procedimentos e etapas. Também não traz de modo explícito o objetivo, deixando para a criança as conclusões, observações e deduções, o que faz mediante questionamentos, no meio e ao final do texto. Tal forma de organização é interessante, despertando a curiosidade infantil para a experiência e também o gosto por uma leitura mais lúdica e menos didática de textos característicos da linguagem social da ciência.

É importante lembrar que apenas o apresentador da experiência e seu ajudante tiveram acesso a esse texto-fonte. Os demais alunos – aqueles que assistiram e depois fizeram seus registros – não o haviam lido, embora tivessem lido outros textos-fonte.

Em busca de conhecimento mais aprofundado sobre os objetivos dessa experiência para nossa melhor compreensão, já que não somos da área de Ciências, encontramos uma fonte, na internet, oriunda da Universidade do Vale do Paraíba[5], mostrando-nos que, a partir da observação das crateras, podem-se analisar dados relativos à variação de velocidade, à aceleração da gravidade e ao impacto de um projétil contra a superfície. As crateras sofrem impacto devido ao tamanho e à velocidade do objeto impactante; também a geologia da superfície dessas crateras se altera. Segundo as orientações contidas no site:

> Ao lançarmos o impactante de diferentes alturas, os alunos estudarão a relação entre a velocidade do impactante e o tamanho da cratera.
>
> [...] Incluímos um Quadro de Dados do aluno que pode ser copiado; os alunos precisarão de um quadro separado para cada impactante usado na atividade.
>
> [...] Quanto mais alto o lançamento, maior a velocidade alcançada pela bolinha de gude, portanto, maior a cratera que será formada e maior a quantidade de material lançado para fora.

Fechando as orientações do site, segue-se:

> Faça que os alunos comparem e contrastem suas hipóteses sobre como as coisas afetam a aparência das crateras e a camada ejetada.

Tais explicações nos ajudaram a avançar na compreensão dos textos dos alunos. Também por limitação de espaço, deixaremos de apresentar a análise dos textos de três alunos (Glauco, Laila e Matheus). Passemos aos textos escolhidos e à sua análise.

Análise dos textos

Os textos de Danilo

Vulcãos

Nos aprendemos, que com bicabonato de sódio faz tudo borbrulhar!

Como vimos na experiemcia da Beatriz que foi feita com "Alguns" materiais deverentes do que o da Adriane (mas fez a mesma coisa: borbulhou e trasbordou). Fim

Observando crateras
SENTADO: Em pé:
4, cm   4,5cm   (desenho)
3, cm   3,5cm
2, cm   2,5cm
1, cm   1,5cm

Nos aprendemos, que, como diz o ditado: quanto mas auto for maior a queda, como foi feito pelo Tiago vimos que a maior bola de guede vez o maior buraco e a menor o menor buraco como acontece com os numeros.

Podemos perceber em Danilo algumas nuanças entre o primeiro e o segundo registros, que indiciam os movimentos de signifi-

Aprender a escrita, aprender com a escrita • **87**

cação do aluno em direção ao aprendizado canônico do gênero. A expressão *Nos aprendemos* marca seus dois textos, bem como nos mostra um sujeito entre os demais, isto é, um em meio a um grupo. Danilo não se vê sozinho, mas como grupo, como turma no espaço escolar (nós aprendemos; nós vimos).

O aluno não deixa de comentar, embora sem entrar em detalhes, a diferença percebida na mesma experiência entre as duas colegas, em função do uso de material diferente (no caso, o fermento), tendo observado que ambas obtiveram a mesma reação. A composição do primeiro texto indica um misto de apresentação do objetivo e de descrição de procedimentos (... *com bicabonato de sódio faz tudo borbrulhar!*), numa tentativa de organização do registro. Ademais, como se vê tanto no primeiro registro como no segundo, Danilo se reporta à palavra do outro: no primeiro caso, parece-nos que ele tenta retomar as palavras do apresentador da experiência, que por sua vez se baseia no texto-fonte. No segundo caso, chama-nos a atenção a expressão *como diz o ditado: quanto mas auto for maior a queda*, usada por ele como força de argumento para referendar a experiência do colega apresentador, que parece ter buscado nos ditos populares, fonte de sabedoria do senso comum, uma expressão, assumindo-a como sua, para mostrar a eficácia da experiência. Se compararmos a explicação de Danilo àquelas do site da Universidade do Vale do Paraíba, vamos encontrar uma semelhança na construção do discurso: "Quanto mais alto o lançamento, maior a velocidade alcançada pela bolinha de gude [...]". Goulart (2007, p. 5) nos aponta, tomando Bakhtin em seu estudo sobre a palavra de outrem:

> É então numa perspectiva de tensão, de hibridização de linguagens, de valores, que constituímos a nossa palavra. Isto se dá tanto na dimensão do processo de apropriação da linguagem, no interior de tradições sociais das classes e de grupos, quanto na dimensão da

88 • Cecilia M. A. Goulart | Victoria Wilson (orgs.)

participação em espaços sociais, especialmente os educativos, com o trabalho referenciado por complexas linguagens sociais e gêneros do discurso secundários.

Com base em Preti (1991), Corrêa (2004, p. 144-5) nomeia como *expressões formulaicas* os ditos populares, provérbios, refrões etc. que, já cristalizados na fala popular informal, passam a aparecer na escrita para atender ao requisito da objetividade. Como estamos tratando de um gênero mais formal e da área científica, acreditamos que essa observação se aplique ao registro de Danilo, complementando as demais considerações sobre a palavra de outrem, mencionadas anteriormente.

Outro aspecto do texto "Observando crateras" diz respeito à disposição gráfico-visual. Danilo desenha/dispõe a tabela separada do texto verbal, o que nos leva a empreender uma leitura espacial do todo de seu enunciado. Supomos que essa tabela lhe tenha chamado a atenção devido às distinções que estabelece (*em pé* e *sentado*). É Corrêa (2004, p. 208), também, quem se refere ao recurso da bidimensionalidade do espaço gráfico do texto, mencionando que tal recurso é muito frequente em trabalhos científicos. O que vemos, pois, no registro de Danilo, e atentaremos mais adiante nos de seus colegas, é a necessidade de uso de um recurso gráfico disposto na forma vertical, utilizado como estratégia semiótica da escrita, conferindo maior clareza ao texto.

Chamamos a atenção para o uso do recurso expressivo *como* na última frase do registro "Observando crateras": *como acontece com os numeros*. Essa comparação funciona como uma tentativa de explicitação da tabela para o leitor. Já quanto à descrição dos procedimentos, existem lacunas no discurso de Danilo, faltando-lhe o encadeamento de certas etapas, o que dificulta o entendimento global da experiência.

Aprender a escrita, aprender com a escrita • **89**

Os *textos de Lucas*

Os vucões

Os vucões foram muito enteresantes os engredientes forão –

- corante   Ficol borbolando e o outro vucão
- anelina   foi enteresante os engredientes
- vinagre laranja   foi diferente que foram.
- detergente misturado com anelina
- bicarbonado de sotio
  - vinagre

Ficarão bacanas eu acho   • corante laranja

que vol fazer em casa.   • ferimento

     • argila para fazer o vucão

A brindo Grateras

O meu amigo Thiago ele fez uma experiência, com cinco bolhinhas de gude, com um ajudante, uma vasilha, uma cadeira e areia da praia.

Era para supir na cadeira e vai er um impaqueto grande e a maio bola ganho.

Observando crateras

Os nossos amigos Thiago e Victor fez a experiência a brindo crateras foi interessante.

Ele disse que quando mais auto a maior a queda por que, tem mais impaquito só que depende da altura.

90 • Cecilia M. A. Goulart | Victoria Wilson (orgs.)

Lucas apresentou três registros: um para a experiência do vulcão e dois para a experiência das crateras. Devido às diferenças encontradas nos dois últimos, consideramos necessário apresentar ambos. No primeiro registro de Lucas, o que salta aos olhos é a sua organização gráfico-visual no papel (ficha), o que implica também a organização composicional do gênero. Há uma breve introdução de caráter expressivo, com espaço para introduzir o item *ingredientes* (*Os vucoes foram muito enteresantes   os engredientes forão –*). Em seguida, o aluno escreve o texto, dispondo-o em quatro partes, duas delas insertas dentro de caixas desenhadas, parecidas com balões retangulares. No entanto, não há pistas para o leitor sobre a ordem dessa leitura, se na direção horizontal, se na vertical. Tal fato desperta a curiosidade pelo texto, já que Lucas teve a ideia de registrar duas modalidades da mesma experiência (uma com o uso de fermento e outra sem fermento)[6]. Estabelece-se, dessa maneira, uma espécie de jogo de adivinhação entre o leitor e o aluno (que registrou a experiência), na tentativa de dar sentido ao texto.

Quanto às marcas do gênero, podemos perceber na produção de Lucas noções relacionadas à reflexão metalinguística, ou seja, seu texto nos mostra um enunciado refletindo sobre outros enunciados e sobre as experiências diferenciadas de seus dois colegas, o que significa uma reflexão sobre duas enunciações distintas e o consequente registro delas. Outro aspecto diz respeito às decisões do aluno sobre a forma de organização de seu registro, que acabamos de comentar acima, em função tanto de sua intenção comunicativa quanto da situação de produção e também do público leitor.

Do ponto de vista das características linguísticas presentes no registro de Lucas, predomina o uso de verbos no passado (*foram, ficol, foi, ficarão* = ficaram, *vol*), com um marco temporal pretérito, que, de acordo com Fiorin (2001, p. 111), indica concomitância acabada. O uso da primeira pessoa (*... eu acho que vol fazer em* *casa*) para concluir o registro, apresentando suas observações finais sobre a experiência, confere ao texto de Lucas um caráter misto, entre a objetividade do registro e certa pessoalidade.

Com relação aos dois registros sobre a experiência "Observando crateras", desconhecemos as razões que levaram o aluno a produzir dois textos para uma mesma experiência, mas, após uma leitura comparativa, notamos que ambos se complementam. Vejamos: 1) quanto ao título da experiência: o aluno usa um verbo de fazer ativo[7] (*abrir*) no título do primeiro registro e um verbo de fazer passivo (*observar*) no título do segundo registro, o que pode corroborar a hipótese de Silvana Silva (2009) sobre a tendência das crianças de usar em seus escritos verbos da ordem do fazer, com função de vivenciar e experimentar o conhecimento científico, muito mais do que os adultos quando escrevem para crianças; 2) quanto ao apresentador da experiência e seu ajudante: Lucas acrescenta o nome deste, no segundo registro, talvez por considerar importante essa informação, principalmente se tem ambos como amigos; 3) enquanto no primeiro registro é descrito o material utilizado na experiência, no segundo a expressão *foi interessante* determina a atitude valorativa do sujeito diante da experiência dos colegas; 4) por fim, quanto aos procedimentos e às conclusões observadas na experiência, os registros se complementam, podendo-se perceber no primeiro a descrição dos procedimentos seguida de uma breve conclusão (*Era para supir na cadeira e vai er um impaqueto grande e a maio bola ganho.*) e, no segundo, uma espécie de apreensão da palavra do outro, para dar maior autoridade à conclusão (*Ele disse que quando mais auto a maior a queda por que, tem mais impaquito só que depende da altura.*). Entre os sete alunos pesquisados, Lucas foi o único a usar a palavra *impacto* (*impaqueto, impaquito*) em seu registro, a qual carrega forte carga expressiva.

92 • Cecilia M. A. Goulart | Victoria Wilson (orgs.)

Os textos de Luiza

Experiência Maluca

A "experiência maluca" foi "o vulcão" da Adrianne. Adorei quando o vulcão entrou em erupção. Pena que não ficou vermelho. E á, já ia esquecendo; os ingredientes utilizados na experiencia foram: vinagre, corante (ver), bicarbonato de sódio, detergente.

Ficou um "show"!!! Parecia de verdade!

FOI   MUITO   MANEIRO!!!

Fim

Obs.: Recreio nº 1/ ano 2004

Vulcão !!!

Uma Grande   Explosão!!!

Observando Crateras

A experiência "Observando Crateras" é do Thiago e ele usou: areia de praia, uma vazilha e bolinhas de gude.

Ele fez assim: subiu no banco, e foi jogando a bolinha de gude na vazilha com areia, primeiro, ele fez sentado, e depois, em pé.

Veja as comclusões atrás da ficha:[8]

Luiza apresenta certa estabilidade na estrutura composicional de seus textos: nomeia os apresentadores, a própria experiência e, em uma delas, apresenta o objetivo. Em seguida, a menina se alterna, ora em apreciar a experiência em si (*Adorei quando o vulcão entrou em erupção.*), ora em apresentar a lista de material utilizado, como no último texto. No primeiro caso, as expressões *Ficou um "show"!!!, Foi muito maneiro!!!, Parecia de verdade!* acrescem ao conteúdo um *status* de valor, com uma atitude responsiva ativa da aluna diante da apresentadora da experiência e dos demais colegas, assumindo uma palavra interiormente persuasiva. Com base em Bakhtin (2003, p. 290-1), compreendemos que a entonação expressiva é um traço constitutivo do enunciado; compreendemos também que ocupamos em relação a dada palavra uma ativa posição responsiva – de simpatia, acordo ou desacordo, de estímulo para a ação –, como é o caso de Luiza.

Atente-se para o marcador conversacional, colocado no primeiro registro (*E á* [ah], *já ia esquecendo...*), em que a interjeição é usada na fala com a função de monitorar uma conversa (Castilho, 2002, p. 47). No registro de Luiza, esse marcador está orientado para a organização do texto, com vistas à interlocução com o leitor. Acrescentando a esse comentário o estudo de Bakhtin/Voloshinov (1930) sobre a estrutura do enunciado, poderíamos dizer que, em Luiza, a entonação se destaca com um papel particularmente sensível entre ela (locutora) e seu leitor potencial, pois, segundo esses autores, "a entonação é a expressão fônica da avaliação social".

Na distância de quase três semanas entre um registro e outro, podemos perceber certa diferença entre ambos. Essa diferença se mostra mais evidente na apreensão de elementos da forma canônica da estrutura composicional do gênero. Nossa hipótese é que as interlocuções com os demais colegas e a mediação da professora tenham levado Luiza a rever o modo de produzir seu registro de experiência científica, tornando-o mais formal e objetivo e menos expressivo e valorativo.

94 • Cecilia M. A. Goulart | Victoria Wilson (orgs.)

Outro dado refere-se ao uso do termo *pena que*, no primeiro texto, que funciona tanto como um conector com sentido restritivo (= porém), como também como uma expressão de lamento (= que pena), o que faz levantar a hipótese de predisposição da aluna para a contra-argumentação com relação à apresentadora da experiência, em virtude da falta de um componente (o corante).

Luiza demonstra conhecimentos linguísticos importantes, como: o uso de aspas, de abreviaturas (*Obs.*: *ver* = vermelho) e de pontos de exclamação para realçar e dar efeito de expressividade ao texto.

Os textos de Thiago

Vulção

A Adriane fez uma experiencia que foi um suseso e não parava de sai lava. a da
Beatriz foi boa as duas experiencias foram um suseso.

Observando grateras
Eu acho que todo mundo gostou, agente fez ate uma tabela
o meu ajudante ficou sentado no banco da fama   4 bolinhas de gude.
Eu usei:
• 4 bolinhas de gude
• 1 Fita metrica
• 1 vazilia de 20 cm
• Um poco de areia fina
Depois eu taquei de uma autura maior.

Há uma nítida diferença entre os dois registros de Thiago. No texto em que tematiza sobre vulcões, ele é vago e impreciso no que concerne ao gênero registro de experiência científica, pois faltam elementos relevantes em sua composição (o objetivo, o material, os procedimentos e as observações). O menino organiza uma apreciação da apresentação da experiência. Quanto ao texto seguinte, pode-se observar um enunciado mais organizado em direção ao conhecimento canônico do gênero, com tendência à flexibilidade em sua composição. O fato de o autor do registro ser também o apresentador (coautor) da experiência parece ter produzido diferença pelo acesso ao texto-fonte e pela preparação para a apresentação.

Vejamos como funciona a estrutura organizacional do segundo texto: (a) de início, Thiago faz apreciações de caráter valorativo favoráveis à experiência e, indiretamente, a seu apresentador – ele próprio, com a ajuda de um de seus colegas (*Eu acho que todo mundo gostou...*); (b) ele faz questão de evidenciar o papel do colega como ajudante, enfatizando o uso do *banco da fama*[9], deixando entrever sua autoridade na cena; (c) ao apresentar o material utilizado, lança mão da expressão *Eu usei*; (d) arrematando a experiência, Thiago a encerra com a expressão *eu taquei de uma autura maior*. Embora o tom de apreciação se mantenha no segundo texto, os ingredientes se destacam e a referência à importância da altura de onde as bolas são atiradas é explicitada, embora de modo muito pouco claro. Por outro lado, são parcos os elementos que nos dão pistas, em seu registro, para compreender a sequência da experiência, e há uma lacuna quanto ao objetivo que a motivou.

O que vemos é a pessoalização do discurso, com o uso da primeira pessoa do singular e de verbos de fazer (*usei, taquei*), rompendo a barreira da formalidade do texto-fonte para a informalidade de seu registro. Merece atenção essa singularidade com que o aluno estabelece as relações dialógicas, tanto com o texto-fonte quanto com os leitores virtuais de seu registro. Se, para Silvana Silva, a pessoalização corresponderia a uma necessidade da criança de compreender o saber científico como um fenômeno "vivo", pertencente ao seu universo, por outro lado, para Bakhtin (2002a, p. 142),

> as "nossas palavras" não devem dissolver completamente a originalidade das palavras alheias, o relato com nossas próprias palavras deve trazer um caráter misto, reproduzir nos lugares necessários o estilo e as expressões do texto transmitido.

Outro dado que a chamou atenção foi a ausência da tabela, justamente no registro de Thiago, o apresentador da experiência "Observando crateras", ainda que ele tenha se referido a ela: ... *agente fez ate uma tabela.*

Considerações finais

Vale destacar aqui um elemento que se refere justamente à tabela da experiência "Observando crateras", que se fez presente no registro de Danilo. Isso porque chama atenção a ausência de tabela no texto-fonte, o que levanta uma curiosidade a respeito do autor da ideia, na medida em que se trata de uma interessante forma de organizar a apreensão do conhecimento pelos alunos. Poderia ter sido ideia de Thiago, apresentador da experiência; este, por sua vez, como acabamos de ver, apesar de ter dito que *fez uma tabela*, não a inseriu no registro. Supomos que possa ter sido uma proposta da professora para alimentar o processo de construção de conhecimentos e organizar as observações das crianças. Funcionando como uma estratégia semiótica, a tabela, muito provavelmente, contribuiu para o aprendizado das crianças naquele momento, tanto com relação às noções e aos conhecimentos que

Aprender a escrita, aprender com a escrita • **97**

estavam perpassando sua criação e aplicação, quanto no que tange ao aprendizado da linguagem escrita, como no caso da elaboração do gênero registro de experiência científica.

Outro ponto que merece atenção, nos registros analisados, é o fato de os alunos fazerem referência ao apresentador da experiência de maneiras distintas: 1) Danilo: *Como vimos na experiemcia da Beatriz* [...] *do que o da Adriane* (*mas fez a mesma coisa...*); 2) Lucas: *O meu amigo Thiago ele fez uma experiência*; 3) Luiza: *A "experiência maluca" foi "o vulcão" da Adrianne*; 4) Thiago: *A Adriane fez uma experiencia que foi um suseso* [...]. Os registros das crianças mostram o quanto é importante a palavra do apresentador da experiência científica para os alunos do quarto ano do ensino fundamental, considerando o espaço escolar como um micro-organismo social. Recuperar o dizer do apresentador significa, então, não apenas mencionar seu nome. Estão embutidos aí modos de significar e, por conseguinte, modos de aprender, que comportam o tema, a estrutura composicional e o estilo do gênero. Mas também não podemos perder de vista as vozes que dialogam nesse embate. Tais vozes nos levam a pensar na construção da linguagem escrita pela criança. E, então, vemos a voz do outro ou o enunciado dos textos-fonte, da linguagem social das ciências, dialogando com a voz do apresentador da experiência (que, naquele momento, se destaca dos demais alunos pelo grau de responsabilidade que assume no contexto). Nas entrelinhas e nos subentendidos desse diálogo, percebemos também as vozes dos alunos, mediadas pela voz da professora, observando, discutindo e pensando a experiência, para posteriormente produzirem seus registros – outros enunciados –, embebidos pelas enunciações orais, formais ou espontâneas, presentes durante a apresentação. Portanto, são enunciados que partem de outros enunciados, com eles dialogam e sobre eles refletem, como em um processo contínuo de autorreflexão (ou de reflexão em cadeia), entre o dizer – o fazer – o refletir – o escrever. Nesse processo, destaca-se a busca de reciprocidade entre os sujeitos na construção do conhecimento, remetendo-nos à noção bakhtiniana de que os enunciados produzidos pelos locutores estão, de alguma maneira, ancorados em enunciados anteriores e nos posteriores, em enunciados que recebemos da voz do outro e repletos de voz de outro. E, assim, seja na inter-relação que antecede à escrita, seja no processo de escrita, os alunos vão se dando conta de que as palavras já estão povoadas de vozes e pensamentos dos outros.

Notas

1 Interpretação da professora Margareth Silva de Mattos (Programa de Alfabetização e Leitura da Universidade Federal Fluminense – Proale/UFF), mestre em Letras pela UFF.

2 O Colégio de Aplicação da Universidade do Estado do Rio de Janeiro (Uerj) vem desenvolvendo, ao longo dos anos, um trabalho pedagógico que se tornou referência como escola pública no estado do Rio de Janeiro – o que gera grande procura de vagas por diversos segmentos da sociedade. Assim, deparamo-nos ali com uma realidade socioeconômica heterogênea, já que o acesso à escola é propiciado por sorteio público para a classe de alfabetização, o que em parte possibilita o ingresso de alunos de qualquer segmento social.
Em todas as turmas, são frequentes as atividades de roda (roda de novidades, roda de conversa ou roda inicial), por meio das quais se desenvolve a oralidade, pode-se conhecer melhor os alunos e o que fazem fora do espaço escolar. Também a roda de leitura movimenta continuamente os pequenos leitores em suas tarefas de escolha de livros, de apresentação e partilha de sua leitura entre os colegas. Em cada sala de aula organiza-se uma biblioteca, além da biblioteca geral da escola.

3 Texto extraído do site <http://www.coimbra.lip.pt/~cp/cab/dterra/node9.html>. Acesso em: out. 2012.

4 *Revista Ciência Hoje das Crianças* (1998), n. 56, p. 20-1.

5 Disponível em: <www.aeroespacial.org.br/educacao/NASA/02_Explorando_a_Lua_NASA>. Acesso em: abr. 2009.

Aprender a escrita, aprender com a escrita • **99**

6 Segundo a bioquímica e professora de Química do Educandário São Paulo da Cruz, Raíssa Maria Marques, "quando o vinagre é misturado ao fermento acontece uma reação, produzindo um gás. É o gás carbônico que empurra a lava para fora da terra".

7 Verbos de fazer são comparados aos verbos de modificação no objeto, conforme Silvana Silva (2007).

8 O verso da ficha não foi fotocopiado na época da coleta de material.

9 O *banco da fama* é o lugar na sala onde os alunos gostavam de se apresentar.

Referências bibliográficas

BAKHTIN, Mikhail. "A pessoa que fala no romance". In: *Questões de literatura e de estética: a teoria do romance*. Tradução Aurora Fornoni Bernardini *et al.* 5. ed. São Paulo: Hucitec; Annablume, 2002a, p. 134-63.

_____. "O discurso em Dostoiévski". In: *Problemas da poética de Dostoiévski*. Tradução Paulo Bezerra. 3. ed. São Paulo: Forense Universitária, 2002b.

_____. "Os gêneros do discurso". In: *Estética da criação verbal*. Tradução Paulo Bezerra. 4. ed. São Paulo: Martins Fontes, 2003, p. 261-306.

BARROS, Manoel de. *Memórias inventadas: a terceira infância*. São Paulo: Planeta, 2008.

BRODY, David E.; BRODY, Arnold R. *As sete maiores descobertas científicas da história e seus autores*. Tradução Laura Teixeira. São Paulo: Companhia das Letras, 1999.

CASTILHO, Ataliba T. de. *A língua falada no ensino de português*. 4. ed. São Paulo: Contexto, 2002.

CORRÊA, Manoel L. G. *O modo heterogêneo de constituição da escrita*. São Paulo: Martins Fontes, 2004.

FIORIN, José L. "Categorias da enunciação e efeitos de sentido". In: BRAIT, B. (org.). *Estudos enunciativos no Brasil: histórias e perspectivas*. Campinas: Pontes; São Paulo: Fapesp, 2001, p. 107-29.

_____. "Leitura: gêneros textuais e processos de referenciação: gêneros e tipos textuais". In: MARI, Hugo; WALTY, Ivete; VERSIANI, M. Zélia

100 • Cecilia M. A. Goulart | Victoria Wilson (orgs.)

(org.). *Ensaios sobre leitura*. Belo Horizonte: Editora da PUC Minas, 2005, p. 101-17.

GOULART, Cecilia M. A. "A pesquisa em alfabetização infantil: aspectos da produção de textos escritos em abordagem discursiva". In: SCHWARTZ, Cleonara M.; CARVALHO, Janete M.; SIMÕES, Regina, H. S.; ARAÚJO, Vânia, C. de. (org.). *Desafios da educação básica: a pesquisa em educação*. Vitória: Editora da Universidade Federal do Espírito Santo, v. 1, 2007, p. 129-40.

LEIBRUDER, Ana Paula. "O discurso de divulgação científica". In: BRANDÃO, H. N. (coord.). *Gêneros do discurso na escola: mito, conto, cordel, discurso político, divulgação científica*. São Paulo: Cortez, 2001, p. 229-53. (Coleção Aprender e Ensinar com Textos, v. 5)

MARQUES, Raíssa M. "Ciências: O que é um vulcão? Aprenda a fazer um vulcão". Redação de Silvia Marconato/Terra. Disponível em: < http://www.terra.com.br/criancas/ciencias/vulcao_1.htm>. Acesso em: out. 2012.

MEDEIROS, Vanêsa V. S. de. *A produção escrita de crianças da 3ª série do ensino fundamental no contexto do letramento: indícios de autoria em relatos de aulas-passeio e registros de experiências científicas*. 2006. Dissertação (Mestrado em Educação). Programa de Pós-Graduação em Educação da Faculdade de Educação da Universidade Federal Fluminense (UFF), Niterói, 2006.

PRETI, Dino. *A linguagem dos idosos; um estudo de análise da conversação*. São Paulo: Contexto, 1991.

SILVA, Silvana. "Estudo enunciativo da pessoalização do discurso de divulgação científica infantojuvenil: o emprego do pronome você". Porto Alegre: 2007. Universidade do Vale do Rio dos Sinos. Disponível em: <http://www3.unisul.br/paginas/ensino/pos/linguagem/cd/index1. htm>. Acesso em: 30 maio 2009.

Aprender a escrita, aprender com a escrita • **101**

SILVA, Wagner R. "O gênero instrução de uso enquanto objeto de ensino". *Revista Intercâmbio*. Rio de Janeiro, Pontifícia Universidade Católica de São Paulo, v. XIII, 2004.

SOUZA, Geraldo T. *A construção da metalinguística (fragmentos de uma ciência da linguagem na obra de Bakhtin e seu círculo)*. 2002. Tese (Doutorado em Letras, Semiótica e Linguística Geral). Faculdade de Filosofia, Letras e Ciências Humanas da Universidade de São Paulo (USP), São Paulo, 2002.

VOLOSHINOV, V. N. "Estrutura do enunciado". Tradução para fins didáticos de Ana Vaz, 1981. In: TODOROV, Tzvetan. *Mikhail Bakhtin – Le principe dialogique*. Paris: Seuil, 1930.

Capítulo 4

A escrita da História nos cadernos escolares

Helenice Rocha

Introdução

A escrita povoa a escola e a sala de aula. Ela está nos murais, na identificação de espaços, no quadro-negro que o professor usa para o registro escrito de textos e exercícios, nos cadernos, livros e folhas utilizados durante a aula, nas agendas escolares, no computador cada vez mais presente no ambiente escolar, nos grafites que marcam as carteiras escolares e até na documentação da secretaria. Podemos afirmar, portanto, que a escrita, na forma de manuscritos ou impressos, ocupa a escola e a sala de aula neste início de século XXI. Essa permanência ocorre em um processo que se explica porque a escola é o espaço formal da aprendizagem da escrita e dos meios escolares de transmissão do conhecimento nos quais a leitura e a escrita manuscrita de cópias de textos e exercícios ganham sentido no acesso planejado ao conhecimento escolar para além da exposição didática do professor, aprofundando conhecimentos.

Tratando dos usos do caderno nas aulas de História, este capítulo se divide em três partes. A primeira contextualiza brevemente

104 • Cecilia M. A. Goulart | Victoria Wilson (orgs.)

os usos do caderno e suas pesquisas, visando estabelecer o diálogo teórico-metodológico que travamos com base na pesquisa cujo *corpus* é de textos de cadernos escolares. A segunda apresenta algumas condições de uso do caderno, bem como sua expressão em textos e exercícios manuscritos, encontradas durante nossa pesquisa em duas escolas, uma pública, o Ceim, e uma particular, a Emem e salas de aula de História com características distintas. Nessa parte do texto, tratamos do tempo escolar, das concepções vigentes sobre o valor da cópia, do conjunto de materiais disponíveis e, por fim, das representações dos professores acerca das condições de leitura e escrita de seus alunos nas aulas de História. No tópico *Eles não sabem ler e escrever*, apresentamos uma análise mais detalhada das escolhas didáticas de uma professora, registradas em um texto resumido e nos exercícios relacionados a ele. Na análise, consideramos uma condição definidora de suas escolhas e as suas representações acerca da condição letrada dos alunos.

Os cadernos nas pesquisas historiográficas

A escrita de cadernos escolares já tem sido alvo de pesquisas e reflexões no campo da historiografia escolar. Autores como Jean Hébrard (2001) e Anne-Marie Chartier (2007) mostram o que pode ser antevisto das práticas escolares em diferentes séculos, tratando o caderno como fonte documental da escrita ordinária. Hébrard (2001, p. 125) nos inspira a buscar a aplicação das técnicas da bibliografia material à história dos usos do impresso e dos manuscritos ordinários, e outros autores ainda nos convidam a pensar os cadernos não tanto como fonte historiográfica, mas como discurso (Gvirtz e Larrondo, 2008). Chartier propõe a apropriação da noção de dispositivo, de Michel Foucault, na análise de cadernos escolares, por considerar seu poder complexo, ainda que sejam objetos modestos. Ela defende, citando Foucault (Chartier, 2007, p. 63), que o uso dos cadernos institui "relações de força entre saberes" e "solidariedades práticas entre elementos heterogêneos" (saberes, autoridade, instituição, ferramentas).

Em seu trajeto, a escrita escolar se estabeleceu sobre diferentes suportes, como a areia, o papiro e a ardósia. O caderno, como alternativa às folhas soltas, surgiu na França por volta de 1830, até chegar à sua forma atual. Era um substituto do livro até se tornar um suporte independente, em papel encadernado com diferentes recursos, em formatos grandes ou pequenos, com divisórias ou não, e com recursos (saquinhos porta-papel e adesivos) que os tornam mais funcionais e atrativos.

O que define a heterogeneidade de modos de usar os cadernos escolares na contemporaneidade? Com base em que variadas condições, entre elas a percepção que o professor elabora acerca do aluno como leitor e escritor, o caderno participa de formas diversas de um circuito didático, conjunto de atividades planejadas pelo professor que envolve a oralidade e a escrita em sala de aula?

O uso do caderno ocorre em um jogo entre o oral e o escrito da aula, ao servir como base para o registro de sínteses de conteúdos e para as respostas aos exercícios do livro; outras vezes, para colar o texto mimeografado que se desdobrará em perguntas copiadas a seguir; ou, ainda, como agenda de tarefas posteriores. Assim, as pesquisas sobre o uso do caderno precisam considerar essa fonte em diálogo com outras, que compõem a estrutura da aula de História.

Podemos afirmar que os cadernos são uma das "pontas do *iceberg*" da aula, o que permite, entre outros, como propõe Viñao Frago (2006, p. 16) um exercício potencial de interpretação das práticas sociais com e a partir desse material. O autor enumera ao menos três campos historiográficos com enfoques e interesses

106 • Cecilia M. A. Goulart | Victoria Wilson (orgs.)

diversos sobre o caderno como fonte histórica: a história da infância, a da cultura escrita e a da educação. Nosso interesse aqui se aproxima ao que ele descreve como campo da cultura escrita, que cuida dos processos de aculturação e introdução ao mundo da escrita, sendo nesse caso uma escrita ordinária, a escolar (Frago, 2008, p. 16). Nesse âmbito, o caderno responde a uma ação do professor visando a uma função de aprendizagem dos conteúdos tratados por intermédio da rememoração, bem como à função de aprendizagem das regras da escrita escolar e das escolhas discursivas do trabalho de cada disciplina (textos e exercícios, problemas, registros de memória e tarefas).

Em razão das especificidades das formas da escrita disciplinar, o "dever" de cada disciplina, há pesquisas sobre o registro em cadernos da aula de língua materna, com destaque para as características dos textos e dos exercícios de gramática, bem como de matemática, com a especificidade da apresentação de problemas e resolução de contas. No caso da aula de História, que possui grande acúmulo de conhecimento estruturado que extrapola a exposição do professor e se estrutura de modo diferenciado de outros discursos, reunindo a narrativa e a análise, constituem-se formas específicas de registro para transmitir o conteúdo curricular e apreendê-lo (Prost, 2008, p. 211-34). Tais registros de uma escrita escolar da História também se diferenciam da escrita histórica acadêmica, que se caracteriza também como narrativa e análise, embora atenda a um público e funções diferenciados, como o diálogo entre pares (Prost, 2008, p. 33-52).

A escrita histórica, objeto de estudo da historiografia, aparece aqui em seu modo didatizado, não apenas objetivando apresentar o conhecimento histórico em sua forma escolar a um público específico, como também pretendendo que esse público seja capaz de repetir, de parafrasear, de raciocinar a partir do que foi explicado,

Aprender a escrita, aprender com a escrita • **107**

como formas de se apropriar de tal conhecimento. Voltaremos a essa especificidade da escrita histórica escolar ao final deste texto. Com base nessas considerações, aqui nos voltamos para o uso dos cadernos na aula de História, nos quais habitualmente os alunos copiam a matéria e realizam exercícios passados pelos professores, na maior parte das vezes escritos no quadro-negro ou ditados. Em uma ou outra situação, os cadernos funcionam como suporte material das formas de mediação entre o oral e o escrito e entre os escritos presentes na aula, impressos ou manuscritos. Daí uma das complexidades desse dispositivo escolar.

No contexto dessa diversidade potencial nas pesquisas sobre e com os cadernos escolares, apresentamos um exercício exploratório que considera as condições de produção de uso dos cadernos escolares na aula de História. Também esboçamos uma tipologia dos gêneros discursivos que ocupam os cadernos escolares de História de alunos da quinta série do ensino fundamental, atual sexto ano.

A escolha de textos produzidos nessa série escolar tem que ver com o fato de, nela, os professores de diferentes disciplinas ensinarem aos alunos as formas específicas de usar seu caderno, de acordo com as regras disciplinares, escolares e do próprio professor. Quando estavam nas séries iniciais, os alunos tinham apenas um professor, que cultivava uma orientação do modo de uso do caderno para o conjunto de conhecimentos e disciplinas. A partir do sexto ano cada professor vai falar e exigir uma arrumação específica, que envolve suas preferências pessoais, mas também certas características da dinâmica de sua aula e da própria disciplina. Pretendemos flagrar indícios desse movimento do professor de História ao apresentar aos alunos apontamentos na forma de esquemas ou resumos e exercícios que indicam suas concepções acerca da aprendizagem dos alunos.

Com essa escolha inicial, fizemos um recorte no *corpus* de textos recolhidos em pesquisa realizada em 2004 em duas escolas

108 • Cecilia M. A. Goulart | Victoria Wilson (orgs.)

brasileiras, uma pública, denominada aqui como Ceim, e outra particular, denominada Emem, ambas com nomes fictícios. Essa pesquisa se voltou para as condições sociais e escolares presentes na compreensão dos alunos na aula de História, em sua relação constitutiva com o letramento de alunos de pertencimentos sociais diversos (Rocha, 2006).

A pesquisa teve inspiração etnográfica, tendo sido realizado o registro das atividades da aula em caderno de campo no qual eu e os auxiliares de pesquisa transcrevíamos os registros que o professor fazia no quadro de giz. Houve acesso e registro diferenciado aos cadernos de alunos de ambas as escolas e cópia xerográfica de algumas de suas páginas. O material de apoio a essa análise são os cadernos de uma turma da escola particular de fevereiro a início de outubro de 2004 e os de duas turmas da escola pública, nos meses de fevereiro e março do mesmo ano, todos da quinta série, sendo uma das turmas da escola pública de alunos iniciantes na série e outra de alunos repetentes.

A história escrita, entre textos informativos e exercícios – "Professora, é só pra copiar ou é pra fazer?"

O caderno como dispositivo das práticas escolares faz parte de um circuito didático pautado em uma relação intrínseca entre tempo da aula e atividades de ensino e aprendizagem. O aluno o utiliza em determinado momento da aula, quando o professor faz a sua escrita no quadro ou dita aos alunos, o que é mais raro, em especial nesse momento de inserção do aluno nas séries finais do ensino fundamental. As escritas do professor e dos alunos consomem um tempo importante de uma aula de 50 até 100 minutos. Os professores levam tal fato em conta para escrever mais ou menos, já que a essa escrita sucede a cópia do aluno.

Logo, a extensão da escrita no caderno tem que ver diretamente com o tempo escolar e suas restrições. O professor precisa ante-

Aprender a escrita, aprender com a escrita • **109**

cipar o seu próprio tempo de transcrição do texto no quadro e a capacidade motora dos alunos de copiar o que ele escreve. Tal característica de transmissão deve ser levada em conta ao observarmos a extensão dos textos e esquemas e a forma sintética dos exercícios manuscritos nos cadernos.

É necessário considerar também que o professor da quinta série apresenta novas exigências de escrita a seus alunos. Até então eles escreviam a lápis, o que facilitava a correção de erros de escrita. Via de regra, decidir onde e como escrever é uma aprendizagem atribuída ao professor e ao aluno das séries iniciais do ensino fundamental (de distribuição espacial, de equivalência entre os espaços do caderno e os do quadro, de organização e capricho). Agora, o professor de História pretende que os alunos tomem tais decisões, consideradas menores, o que exige uma autonomia que eles ainda estão em processo de conquistar.

Devemos também atentar para a expectativa docente quanto ao potencial cognitivo da escrita e, em especial da cópia, no que se refere ao ensino e à aprendizagem dos conteúdos específicos. Durante muito tempo a cópia teve papel central nas formas de transmissão que consideravam a visão e a repetição motora a base da aprendizagem. O aluno era levado a copiar para aprender. Como se o que está dito na escrita e copiado no manuscrito entrasse na mente do aluno mediante a repetição que é inerente à exercitação. Em outros termos, a aculturação pela escrita se daria mediante inscrição dos conhecimentos na mente do aluno pela via da repetição.

Na pesquisa realizada, diferentemente, as atividades analisadas visavam à cópia como agente da aprendizagem do aluno. Ou seja, a cópia é sempre vista como funcional. Por exemplo, o aluno copia o texto para ler, para responder a exercícios, ou ainda para estudar para a prova. A cópia é mais uma possibilidade de acesso e reflexão sobre o conteúdo da História. De qualquer modo, em

110 • Cecilia M. A. Goulart | Victoria Wilson (orgs.)

sua utilização permanece no horizonte de expectativa dos professores que eles estão "dando" a matéria e que os alunos vão assim fixá-la e evidenciar sua aprendizagem na sequência entre textos e exercícios. A aculturação pela escrita ganha uma característica de trabalho com o conhecimento registrado na linguagem escrita (por intermédio da cópia, leitura, transcrição).

Nas duas escolas pesquisadas, o acesso de todos os alunos ao livro didático, bem como a disponibilidade de folhas que utilizam algum recurso de impressão (mimeógrafo, cópia xerográfica ou folha impressa de computador), é bem diferenciado. Na escola particular os alunos têm livros comprados por seus pais, de acordo com a orientação da escola. Possuem cadernos com a especificação dada pela escola, podendo usar cadernos ou fichários. O professor pode utilizar folhas adicionais relativas ao conteúdo em estudo (sem limites de uso de material e com apoio técnico para digitação e reprodução).

A escola pública recebe os livros do Programa Nacional do Livro Didático (PNLD) de três em três anos, os quais devem ser utilizados e devolvidos pelo aluno para uso dos colegas do ano seguinte. Ocorre que, ao longo dos três anos, os livros se perdem. No ano em que a pesquisa foi feita, os livros do PNLD encontravam-se em seu último ano de uso, o que criava a situação, muito comum nas escolas públicas, de não haver livros suficientes para todos os alunos. O acesso ao caderno é semelhante ao da escola particular, pois ele representa a parte mais acessível do material escolar. Todavia, o uso de folha de papel com conteúdo adicional é restrito, com reprodução a partir de mimeógrafo a álcool e cota de cópias xerográficas apenas para provas.

Permanece a dupla de gêneros *texto* e *exercício*, mas com esses materiais diversos e as possibilidades de articulação entre seus usos o conjunto de práticas que se instalam para emprego do caderno se diferencia profundamente, em especial no que se refere à

Aprender a escrita, aprender com a escrita • **111**

leitura e à escrita de textos. Ou seja, o texto presente no caderno, copiado do quadro, tende a ser a única fonte escrita de informação para a realização dos exercícios na escola pública, enquanto na escola particular ele é um entre outros, como o do livro e o das folhas coladas no caderno.

Dessa maneira, o caderno se constitui como um material que tem lugar definido por diversas práticas escolares, de acordo com os outros recursos de escrita e leitura disponíveis, incluindo a representação que o professor realiza da competência de leitura de seus alunos. Assim, na escola pública, em que os livros são mais raros e os alunos considerados genericamente portadores de uma competência de leitura insuficiente para o enfrentamento não mediado com o texto do livro, o caderno ganha o lugar para a cópia de um texto já adaptado para estudo, em parágrafos ou em tópicos de definição, como exemplificado logo a seguir. O texto em geral é de pequena extensão, visando possibilitar a cópia no período da aula. Após sua cópia, há exercícios que pretendem "fixar" a matéria recuperando as informações em atividades de repetição do já dito, conforme se evidencia pelo exemplo que vamos tomar. No caso da escola pública, por conseguinte, o caderno é central como dispositivo em um circuito didático que inclui de modo habitual as práticas de cópia de texto, leitura, exercícios de fixação e correção durante as aulas, ou ainda alguma tarefa remetida para casa.

Os textos manuscritos na aula de História

Apresentaremos a seguir alguns dos textos encontrados nas aulas de História das duas escolas pesquisadas. Destacaremos algumas características de seu uso, entendendo-os dentro de um circuito didático elaborado pelos professores e de condições de produção da escrita e da leitura próprias a cada escola.

Na Figura 1 temos um texto cujo título é *O surgimento do planeta Terra*, apresentado ainda na primeira semana de aula na escola pública, seguido de exercícios de transcrição de informações apresentadas nele. Ele precede qualquer explicação da professora e é apresentado em pequenos parágrafos. O circuito didático elaborado pela professora é de cópia do texto seguida de cópia dos exercícios.

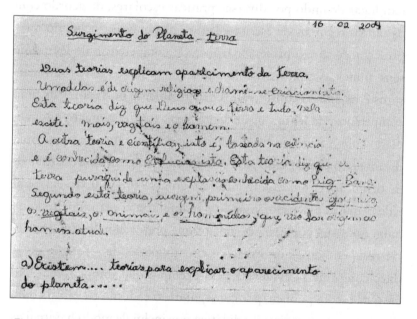

Figura 1 – Texto produzido pela professora e copiado pelos alunos no caderno. Organização em parágrafos. Registrado no caderno de aluna da quinta série. (Ceim).

Na Figura 2 é apresentado um texto em forma de tópicos, com o título *Conclusões*, que foi precedido por um conjunto de atividades que mencionaremos adiante. Antes do registro do texto a professora realizou diversas atividades entre desenhos e quadros comparativos para diferenciar o passado próximo do distante (remoto). A seguir passou exercícios de transcrição das noções registradas no texto e também sua exemplificação concreta. A atividade anterior a essa, que faz parte da mesma sequência didática, é sintetizada em atividade do caderno denominada *Quadro comparativo*, que se encontra na Figura 6.

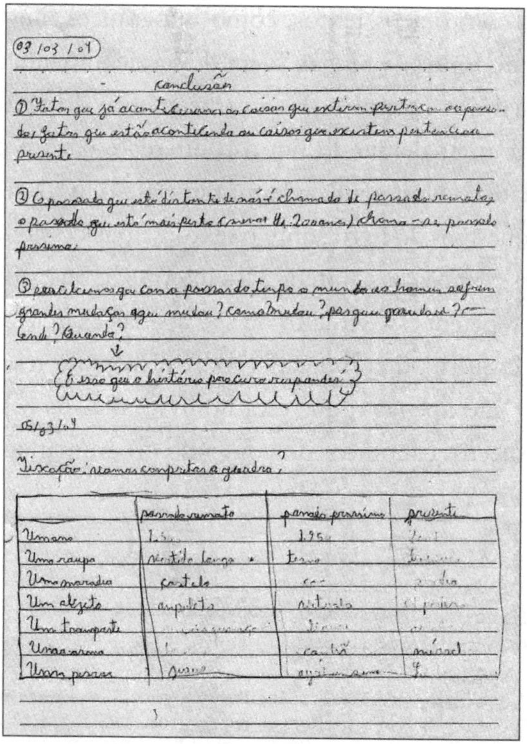

Figura 2 – Texto produzido pela professora e copiado pelos alunos no caderno. Organização em tópicos. (Ceim).

Na escola particular, que parte da expectativa de que o aluno possui a competência de leitura desejável e de que todos os alunos têm o livro solicitado pela escola, o texto com os conteúdos programáticos está presente no livro, cuja leitura é indicada antes do início do estudo, muitas vezes como tarefa de casa, e está no caderno como atividade final em um circuito que passa pela leitura e pelas atividades de aprendizagem.

O texto que se encontra no livro e que inicia esse circuito didático é longo, com muitos parágrafos em diferentes páginas, informações hierarquizadas mediante títulos e subtítulos. Um texto que dialoga com outros textos, como infográficos, ilustrações (ou imagens como fontes) e mapas, além de ser acompanhado de exercícios ao final dos capítulos. Essa característica do texto impresso utilizado vai atuar definindo um uso diferente para o caderno. O circuito didático compreende a leitura inicial no livro; respostas, no caderno, a questões do livro sobre o texto, sem necessidade de cópia das questões; exposições e atividades intermediárias; atividades em folhas (que repetem esse circuito ou são apenas exercícios); e escrita coletiva de esquema final no caderno. A professora traz para o esquema final não apenas o que está no livro, mas os destaques que confere a aspectos canônicos do conteúdo programático.

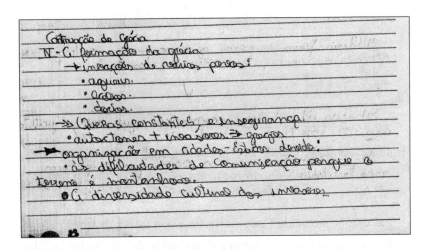

Figura 3 – Esquema parcial produzido pela professora e pela turma de quinta série. Caderno de aluna (Emem).

Aprender a escrita, aprender com a escrita • **115**

Quando compreende que há conteúdos necessários não tratados no livro, a professora oferece textos impressos para ser colados no caderno, os quais serão alvo de exercícios de interpretação do texto, como um questionário. Vemos um exemplo desse tipo de interação entre o manuscrito e o impresso na Figura 4.

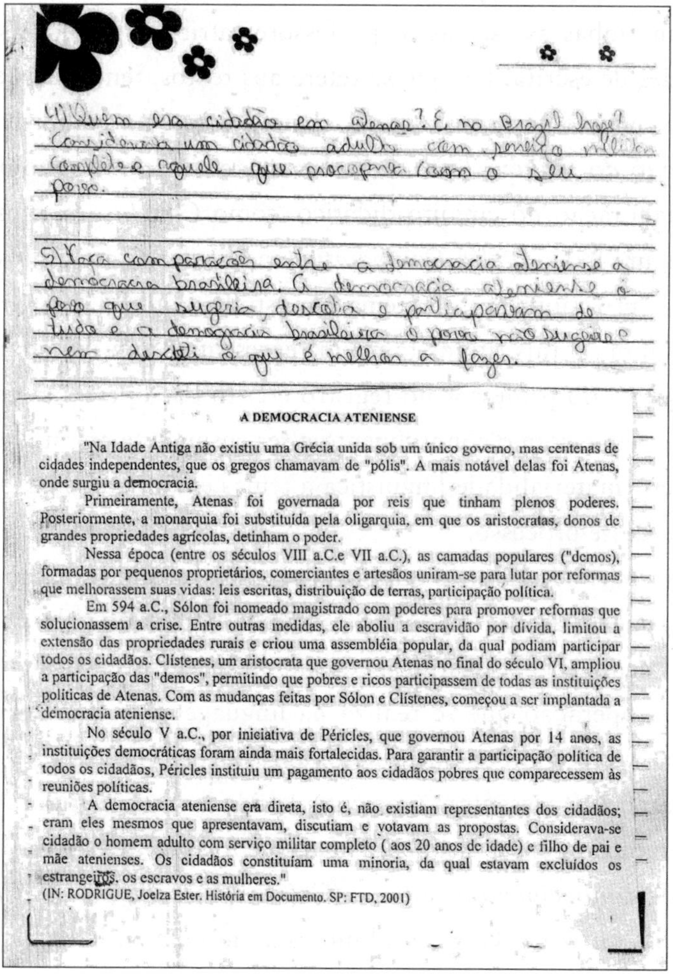

Figura 4 – Folha de texto colada em caderno de aluna do Emem.

Logo, a variação no uso dos cadernos no circuito didático da aula de História nessa escola envolve atividades semelhantes às anteriores, com a possibilidade de a leitura ser realizada no livro e complementada eventualmente no caderno, com ajuda de materiais acrescentados a ele, como textos e esquemas que reúnem mais informações para cópia.

Em ambas as escolas os professores atribuem títulos às atividades de escrita. No que se refere aos textos, temos desde um título relativo ao próprio texto, como presente na Figura 1, *Surgimento do planeta Terra*, a títulos que evidenciam o momento da elaboração no circuito didático, como *Conclusões*, presente na Figura 2, e *Quadro Comparativo*, na Figura 6, até títulos que mesclam o momento e o tema em estudo, como *Cont. Grécia*, na Figura 3. Tais títulos também representam um investimento complexo do professor no registro escrito das operações com a linguagem e com o conhecimento a ser ensinado e aprendido, ao conferir materialidade linguística a temas e momentos de elaboração desse processo.

Por parte dos alunos também deverá haver um trabalho com a linguagem escrita que pode passar despercebido pelo professor. Reconhecer a abstração de síntese necessária a um título é uma operação que se realiza na linguagem, muitas vezes de forma subjetiva. Por outro lado, abreviações como *Cont. Grécia* também apresentam uma complexidade. Essa escrita precisa ser traduzida em *O esquema abaixo é a continuação do registro de conhecimentos sobre a Grécia que começamos a fazer na aula anterior*. Como o aluno está em uma série escolar em que a tutela do professor quanto ao que significa um registro como esse é menor ou inexistente, caso o professor não ensine tal significado ou o aluno seja desatento, poderá desconsiderar esse aspecto de continuação de uma escrita e não ligar esse texto ao anterior, o que tem repercussões em sua compreensão e na recuperação dos sentidos possíveis do texto. A apropriação dos sentidos presentes em tais registros dos cadernos, como os títulos dos textos, é um dos exercícios com a linguagem escrita que poderá propiciar a autonomia intelectual dos alunos, tão ambicionada pelos professores.

Façamos uma síntese de algumas características encontradas nesses textos e em seu uso. Quanto às características composicionais dos textos escritos para cópia no caderno com informações para uso posterior, vemos que variam as escolhas docentes: texto organizado em parágrafos, em tópicos e em forma de esquema. Também variam os momentos do circuito didático em que o professor entende que esses textos devem funcionar e as formas de sua elaboração: antes de qualquer explicação, ao final da explicação, com colaboração ou não dos alunos para seu registro e cópia.

Tal diversidade nas escolhas remete a algumas condições de uso da escrita em sala: o conjunto de textos impressos disponíveis (em livro ou em folha de papel) e as representações que o professor construiu sobre a capacidade de seus alunos lerem com autonomia textos mais ou menos extensos, com linguagem mais ou menos adaptada. Desse modo, as representações docentes sobre a capacidade de os alunos lerem, escreverem e aprenderem pela escrita funcionam como um fator relevante na escolha de estratégias didáticas que vão configurar o circuito didático da aula, entre elas o uso dos cadernos como suporte de escrita.

De forma geral, para os professores da escola pública, os alunos não dominavam adequadamente a escrita, e isso seria um dificultador ao trabalho de ensino e aprendizagem. Para outros, apesar de haver uma parte dos alunos com dificuldades relativas à leitura e à escrita, era possível desenvolver um trabalho de ensino e aprendizagem de História, inclusive requisitando algumas atividades de leitura e escrita visando à construção de conhecimentos. Dessa maneira, ao não dispor de textos já prontos para a leitura dos alunos em livros ou em folhas, tais professores produziam ou escolhiam textos curtos de estrutura simplificada para registro no quadro e cópia no caderno.

Para os professores da escola particular os problemas de aprendizagem se localizavam em casos individuais, e a leitura e a escrita não eram consideradas um problema. Ao contrário, eram uma condição necessária, atendida pelos alunos como um todo no desenvolvimento do trabalho. Ao dispor de textos impressos que supunham ao alcance da capacidade de leitura autônoma dos alunos, escolhiam textos-síntese de tais leituras para determinado momento do circuito didático.

Professora, é só pra copiar ou é pra fazer?

Em ambas as escolas, o caderno é o lugar para exercícios ao longo do processo de ensino e aprendizagem. Ele envolve ações com a linguagem que se relacionam diretamente com os textos escritos disponibilizados no livro ou no caderno e com os textos orais das exposições dos professores, em que eles estabelecem as ênfases que consideram pertinentes ao trabalho com a História escolar.

Quando apresenta definições ou explicações do tipo verbete – como "marco histórico *é* ..." –, o professor explora no exercício a

Aprender a escrita, aprender com a escrita • **119**

recuperação da definição ou exemplos do que seja a fonte histórica já oferecidos durante a explicação, conforme vemos na Figura 5.

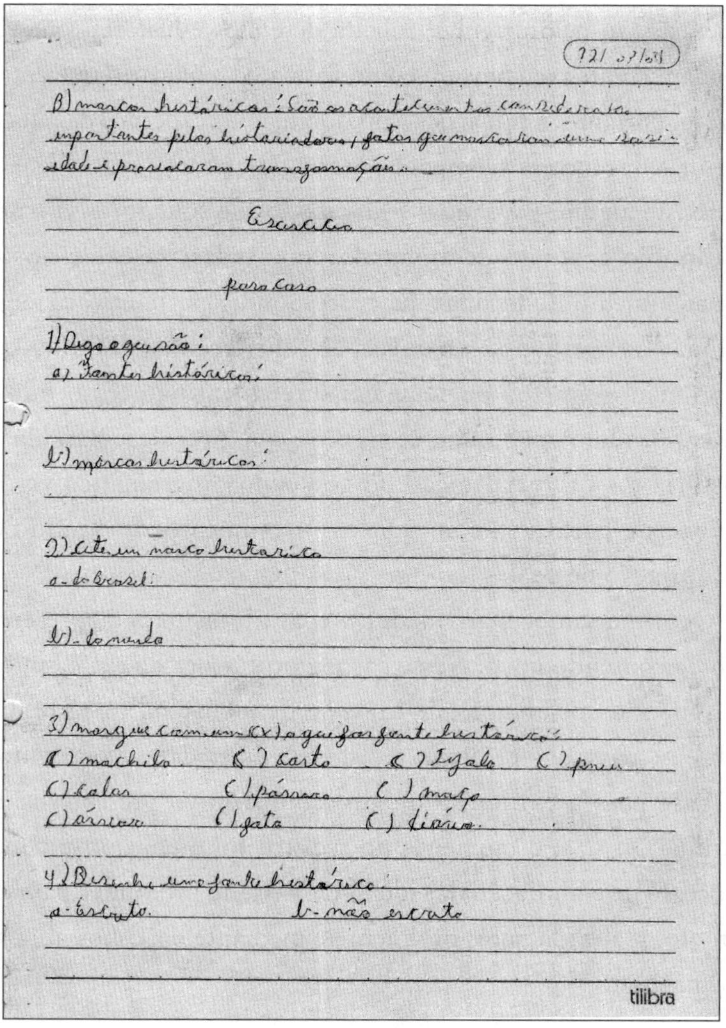

Figura 5 – Continuação de registro de definições pela professora, copiado no caderno por aluno do Ceim.

Quando apresenta um texto explicativo, solicita a reprodução integral ou parcial da explicação (como cópia ou paráfrase). Às vezes, levando em conta a idade dos alunos e a possível facilidade de expressão pelo desenho, solicita desenhos e histórias que respondam como exemplos ou como forma de explicar o que entenderam. Portanto, a transcrição predomina nos cadernos da aula de História das turmas acompanhadas na pesquisa.

Existe alguma diversidade nos modos de solicitar essa transcrição. No conjunto de atividades analisadas, há exercícios de preenchimento de lacunas, de correspondência biunívoca (ligar colunas), de perguntas objetivas, de solicitação de desenhos que exprimem exemplos ou remetem diretamente ao texto lido e/ ou explicado. Assim, uma concepção que prevalece na aula de História é a da recuperação do conteúdo programático via repetição ou paráfrase, com poucos investimentos no sentido da apropriação pessoal.

Ocorrem também atividades preparatórias para a apresentação de conteúdo novo. Nesse caso, a professora da escola pública solicitou aos alunos que fizessem desenhos em folha branca sobre os passados próximo e distante. Esses desenhos serviram de base para a escrita do quadro comparativo presente na Figura 6. Ou seja, o momento do registro foi a conclusão de um processo de elaboração das ideias de passado próximo e passado remoto, realizada antes oralmente e mediante desenhos analisados na aula.

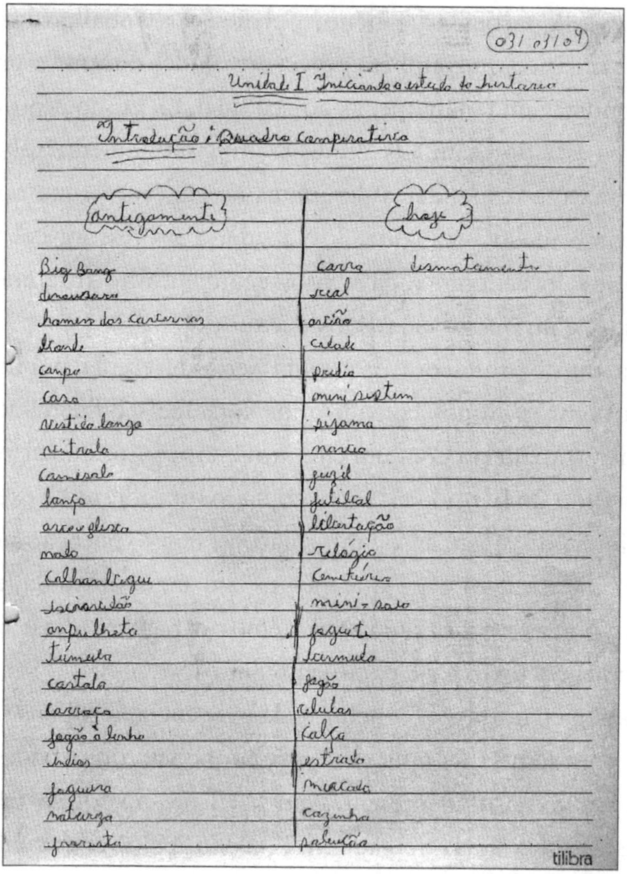

Figura 6 – Quadro comparativo elaborado pela professora usando desenhos dos alunos. Caderno de aluno (Ceim).

Da mesma forma, a professora, antes do lançamento oral do tema "Fontes e marcos históricos", solicitou aos alunos uma redação sobre sua vida, produzida em folha à parte. Esse texto contribuiu para o tratamento do tema nas aulas subsequentes e para o registro no caderno do texto presente de modo parcial na Figura 5, de definição sobre o que são fontes e marcos na História.

Na escola particular (Emem), a professora trabalhava com um circuito didático que também previa atividades durante o processo de aprendizagem e não apenas ao seu final, tal como a professora da turma 502 do Ceim. Os alunos eram habitualmente solicitados a ler o texto e responder a perguntas no caderno como tarefa de casa, como mostra a Figura 3. Na sala, a professora corrigia as atividades do caderno e dava prosseguimento ao tratamento do conteúdo, com outros exercícios e leituras.

Já a outra professora da quinta série da escola pública, que atuava com os alunos considerados com mais dificuldades para aprender, trabalhava com um circuito didático que começava com o texto (lido do livro ou escrito e copiado no caderno) e exercícios posteriores, de repetição de informações. Sua explicação por essa escolha didática foi a de que eles teriam mais dificuldades para realizar outras opções didáticas. Vemos o registro desse circuito didático entre texto e exercício na Figura 1.

É possível, portanto, concluir pela existência de alguns tipos de textos para leitura na aula de História que vão dos textos longos de caráter expositivo presentes no livro ou em folhas (afixadas em pastas ou coladas no caderno), passam pelos textos mais curtos, copiados no caderno, com função semelhante aos presentes no livro (fonte de informação inicial), e englobam o texto oral do professor, em interação com tais escritos. Menos comuns nessa série são os esquemas que os professores utilizam ao final, como síntese introdutória ou conclusiva, produzidos com a colaboração dos alunos, para encerrar uma fase do trabalho com o conteúdo.

No que se refere aos exercícios, eles se diferenciam quanto ao tipo de questão proposta: preenchimento de lacunas (com variações), perguntas visando a respostas mais ou menos objetivas, completamento de quadros comparativos, desenhos, elaboração de linhas de tempo relativas ao conteúdo em andamento, o que

Aprender a escrita, aprender com a escrita • **123**

vai de um nível mínimo de exigência de elaboração pessoal a um nível máximo, no conjunto das atividades. A outra diferenciação refere-se aos objetivos com os exercícios e ao tempo em que ocorrem. Quando objetivam obter dos alunos informações que vão ser incorporadas na explicação do professor (caso dos desenhos para elaboração do quadro comparativo e da redação sobre a vida do aluno), ocorrem antes ou ao longo do processo. Quando têm em vista a fixação ou rememoração do conteúdo ensinado-aprendido, ocorrem ao final do processo ou de uma etapa dele.

Destacamos entre as condições que propiciam essas escolhas dos professores por textos e exercícios, em determinados circuitos didáticos, suas representações acerca das capacidades leitoras e escritoras de seus alunos. Apresentamos a seguir as escolhas didáticas dos professores da escola pública que adotavam posicionamentos diferentes com base em suas representações sobre as capacidades dos alunos para ler, escrever e conhecer pela escrita.

Eles não sabem ler nem escrever

Na pesquisa realizada, os professores que representam seus alunos como não portadores de uma condição letrada enfatizam em suas aulas atividades de leitura e escrita, tais como leitura oral, cópia de textos e exercícios em que fragmentos de textos copiados ou lidos devem ser transcritos e lidos. Ou seja, a escrita entra em suas aulas como suporte do conhecimento já produzido que deve ser copiado tendo em vista a memorização. Os professores justificam suas escolhas concebendo a ideia de ensinar os alunos a ler e escrever, ao mesmo tempo que ensinam História. Outra explicação é que, como têm dificuldades para entender a História, exige-se deles apenas a tarefa de registrar e reproduzir, não de estabelecer relações ou realizar outras atividades mentais.

124 • Cecilia M. A. Goulart | Victoria Wilson (orgs.)

A professora de uma turma de sexta série produziu um resumo apoiado no texto de um livro didático, e o escreveu no quadro-negro. A transcrição ocorreu durante três semanas de aula. Não ocorreu exatamente um circuito de atividades, já que ao longo de várias aulas os alunos copiaram o resumo e ao final fizeram um exercício, seguido de uma prova.

Roma

A cidade de Roma fica situada na península Itálica, ao sul da Europa. Seu território lembra o formato de uma bota.

A península Itálica era habitada desde tempos pré-históricos, mas posteriormente, em diferentes épocas, diversos povos instalaram-se na região. Entre eles destacam-se italiotas, gregos e etruscos.

Por volta de 2000 a .C., várias aldeias foram fundadas nesta região e, entre elas, Roma. Mais tarde, os etruscos invadiram e conquistaram Roma. A partir de então, Roma consolidou-se como cidade expandindo seus domínios por várias regiões em torno do mar Mediterrâneo, chegando ao Oriente e ao continente africano.

Foi durante o domínio dos reis etruscos que Roma transformou-se em cidade. Apesar do progresso material, o crescimento de Roma trouxe muitos problemas. Os patrícios queriam controlar diretamente o poder em Roma. Rebelaram-se contra o rei, expulsando-o e estabelecendo uma nova organização política: a república, que em latim quer dizer "coisa de todos".

O texto se caracteriza por uma narrativa didática canônica sobre a criação de Roma. Além da ausência de livros para o trabalho com a turma, a professora justifica o uso do resumo como busca de ajuste do texto de acordo com dois critérios, facilidade e exten-

Aprender a escrita, aprender com a escrita • **125**

são, com sua adequação ao tempo da aula, ao espaço do quadro e do caderno e à capacidade de escrita do aluno.

Efetivamente, quando resume o texto do livro, outras transformações acontecem, pois a interação entre texto verbal, texto visual, títulos, subtítulos e textos complementares que é própria do livro didático é suprimida[1]. Ao entrar na cultura escolar e em seus modos de funcionamento, um texto é "reconstruído e perde e ganha traços que podem ser reveladores dos processos sociais que nessa esfera se realizam"[2]. Um texto com as características acima se aproxima do formato dos textos de cartilha ou acartilhados, que são feitos para alunos que estão aprendendo a ler e supõem um leitor ainda distante da cultura escrita. Daí o investimento da professora em uma estrutura frasal reduzida, com a repetição do sujeito Roma. Para ela, o critério de facilidade pressupõe um aluno da quinta série com um nível de compreensão semelhante ao de um aluno da primeira série.

O que essa leitura individual de um texto simplificado, isto é, essa interação do aluno apenas com o texto resumido, traduz da concepção de História que a professora apresenta e espera do aluno? Vejamos o exemplo de uma das perguntas presentes no exercício e na prova: *Em que período Roma transformou-se em cidade?* No texto, o aluno lê (procura) até chegar ao trecho: *Foi durante o domínio dos reis etruscos que Roma transformou-se em cidade.* Na estratégia de (não) leitura utilizada, a resposta será todo o trecho anterior: *Foi durante o domínio dos reis etruscos...*

Uma característica desse tipo de atividade de controle de leitura é a relação de complementaridade entre as informações. Ou seja, como as informações são estruturadas em frases nominais, ou verbais, com estrutura simplificada (período simples ou composto por coordenação), a maioria das relações estabelecidas nas perguntas é entre antecessor e sucessor na própria oração. Em um texto re-

126 • Cecilia M. A. Goulart | Victoria Wilson (orgs.)

lativamente pequeno, como é o do resumo, a tarefa de responder a perguntas de localização de informações fica facilitada. A estratégia mais utilizada na leitura, tanto por alunos com rendimento mais alto quanto pelos com rendimento menor, é a busca de uma palavra ou expressão-guia como referência da frase em que está a resposta. A seguir, o aluno vai para a outra parte da frase, onde com certeza está a resposta. Essa estratégia foi observada em todas as séries e turmas da escola pública (quinta a oitava), com alguma variação no uso, pelos alunos mais ou menos competentes na leitura de textos mais longos.

O uso de tal estratégia de leitura permite concluir que essa é uma das aprendizagens propiciadas pelo trabalho escolar com a leitura, inclusive em aulas de História. Mas essa aprendizagem não começou na aula de História de quinta série. O aluno percebe, já nas séries iniciais do ensino fundamental, que essa estratégia "funciona" para responder a certo tipo de pergunta.

Conforme apontam pesquisadores da leitura das séries iniciais do ensino fundamental, essa é uma estratégia que se passa no âmbito da percepção de identidade formal entre palavras[3]. Logo, responder a essas perguntas não modifica o aluno em termos de aprendizagem, pois ele não precisa ter compreendido o que está escrito para que responda, trabalhando apenas com o elemento formal que completa o par da informação.

Voltando ao exemplo, vejamos a palavra *período* presente no início da pergunta: *Em que período...* Mesmo a elaboração dessa noção temporal, importante na construção da categoria de tempo, é secundarizada nesse circuito didático, já que não é necessário ao aluno saber o que ela significa para usar a estratégia de resposta de completamento com um dos termos da afirmação, a partir da localização da palavra ou expressão-guia.

Com o circuito didático realizado nesta aula de História, possivelmente os alunos não estão aprendendo História e nem mesmo noções temporais. Ele solicita apenas a cópia e a transcrição, o que não requisita que o aluno raciocine para além da estratégia de preenchimento de respostas, nem que se modifique pela linguagem oral ou escrita. A concepção de leitor que essa situação indica é a de alguém que repete, já que o sentido está ali e o trabalho do aluno é repetir o que está no texto. Esse circuito de atividades sugere que, para os professores que compartilham dessa representação, faltam aos alunos condições não só de ler e escrever, como também de aprender História.

Esboçando uma conclusão

Nessa primeira aproximação do uso dos cadernos na aula de História como forma de aculturação pela escrita, pudemos explorar dois aspectos dele: o da variedade de condições de produção do uso da escrita, entre eles o tempo escolar e a interação do caderno com outros suportes de escrita, e o das representações dos professores sobre a capacidade de leitura e escrita dos alunos como fator definidor, ou seja, restritor ou expansor do uso do caderno.

Foi possível perceber a complexidade dos dois tipos de textos presentes nos cadernos, o texto de leitura e o texto de exercícios, o que aponta para um estudo mais aprofundado de cada um deles, em subtipos e gêneros. Isso ficará para outra oportunidade, mas acreditamos ter ficado demonstrada a riqueza desse material que povoa a aula de História, entre livros, cadernos e folhas com textos de leitura e exercícios. Eles evidenciam algumas permanências, como o antigo texto expositivo denominado "ponto", de décadas atrás, e os questionários que os sucediam, solicitando a repetição

128 • Cecilia M. A. Goulart | Victoria Wilson (orgs.)

de informações parciais do texto, ao lado de algumas mudanças, como a solicitação de atividades que preparam o tratamento do conteúdo pelo professor, o que sugere a chegada de orientações de inspiração construtivista à aula de História, solicitando conhecimentos prévios e as formas de compreensão dos alunos, para além da repetição do conhecimento apresentado.

Conforme vimos na primeira parte deste texto, Anne-Marie Chartier apresenta o caderno, usando a leitura de noção de Michel Foucault, como um dispositivo. Em meu ponto de vista a proposta de dispositivo para pensar o escrito no circuito didático da aula de História pode ser bastante produtiva, com a observação de que o conjunto de gêneros que circulam na aula seja tomado como tal, para além do suporte do caderno, o qual hoje interage intensamente com outros materiais de escrita e leitura, mesmo em situação de precariedade material. Eles funcionam articulados entre si para preencher o tempo da aula e seus objetivos, segundo as condições de funcionamento da aula e de acordo com as representações que os professores atribuem aos seus alunos no que se refere às suas competências leitoras e escritoras.

Levando em conta a diferença estrutural entre os textos oferecidos à leitura dos alunos da escola pública e os da escola particular, o estudo de tais textos em sua variedade e suportes se revela como uma contribuição em potencial para a compreensão dos usos e das formas de apresentação da História na escola, do passado e do tempo histórico, como objeto de uma historiografia escolar. Por outro lado, nos convida a avaliar a necessidade de mudanças na formação de professores que propiciem a consideração da linguagem em sua relação com os conhecimentos escolares não como mero suporte ou meio, mas como constituinte não só desses conhecimentos, como dos sujeitos que se inscrevem na cultura escrita ao mesmo tempo que a conhecem.

Tal perspectiva talvez contribua para desnaturalizar procedimentos tão corriqueiros na cultura escolar, como é o caso da cópia de textos e a realização de exercícios no caderno, que, apesar de banais, também exigem capacidades e aprendizagens referentes à escrita e ao conhecimento histórico e podem possibilitar o estabelecimento de maior autonomia intelectual do aluno em sua relação com a escrita e com o conhecimento.

Notas

1 Uma avaliação do livro didático como material de leitura extrapola o escopo deste texto. Em outra publicação analiso as correlações entre o texto do resumo e o texto que serviu de base para ele. Ver Rocha, 2007.

2 Ver Batista, 1996.

3 Ver Kleiman, 1990.

Referências bibliográficas

BAKHTIN, Mikhail. *Estética da criação verbal.* Tradução Paulo Bezerra. 4. ed. São Paulo: Martins Fontes, 2003.

BATISTA, Antonio. A. G. *O ensino de Português e sua investigação: quatro estudos exploratórios.* 1996. Tese (Doutorado em Educação). Faculdade de Educação da Universidade Federal de Minas Gerais (UFMG). Belo Horizonte: PPGFE, UFMG, 1996.

CHARTIER, Anne-Marie. "Exercícios escritos e cadernos de alunos: reflexões sobre práticas de longa duração". In: _____. *Práticas de leitura e escrita. História e atualidade.* Belo Horizonte: Ceale/Autêntica, 2007, p. 21-66.

FERNANDES, Rogério. "Um marco no território da criança, o caderno escolar". In: MIGNOT, Ana C. V. (org.). *Cadernos à vista.* Rio de Janeiro: Eduerj, 2008, p. 49-68.

GVIRTZ, Silvina; LARRONDO, Marina. "Os cadernos de classe como fonte primária de pesquisa: alcances e limites teóricos e metodológicos para sua abordagem". In: MIGNOT, Ana C. V. (org.). *Cadernos à vista*. Rio de Janeiro: Eduerj, 2008, p. 35-48.

HÉBRARD, Jean. "Por uma bibliografia material das escritas ordinárias, o espaço gráfico do caderno escolar (França – séculos XIX e XX)". *Revista Brasileira de História da Educação*, 1, 2001, p. 115-41.

KLEIMAN, Ângela. "Aprendendo palavras, fazendo sentido: o ensino de vocabulário nas primeiras séries". In: TASCA, Maria (org.). *Desenvolvendo a língua falada e escrita*. Porto Alegre: Sagra, 1990, p. 9-48.

LAHIRE, Bernard. *Sucesso escolar nos meios populares: as razões do improvável*. São Paulo: Ática, 1997.

PROST, Antoine. *Doze lições sobre a História*. Belo Horizonte: Autêntica, 2008.

ROCHA, Helenice A. *O lugar da linguagem no ensino de História: entre a oralidade e a escrita*. 2006. Tese (Doutorado em Educação). Faculdade de Educação da Universidade Federal Fluminense (UFF), Niterói, 2006.

_____. O uso de esquemas no ensino de História: a oralidade e a escrita escolar. *Língua escrita*. Belo Horizonte: Ceale, UFMG, v. III, p. 1-17, 2007.

Capítulo 5

A revisão de textos por alunos do nono ano do ensino fundamental

Solange Maria Pinto Tavares

Não há ensino sem pesquisa e pesquisa sem ensino. Esses que-fazeres se encontram um no corpo do outro. Enquanto ensino continuo buscando, reprocurando. Ensino porque busco, porque indaguei, porque indago e me indago. Pesquiso para constatar, constatando, intervenho, intervindo educo e me educo. Pesquiso para conhecer o que ainda não conheço e comunicar ou anunciar a novidade.

Paulo Freire

Introdução

Este estudo tem origem na observação de que muitas pessoas enfrentam dificuldades para expressar por escrito suas necessidades, ideias, sentimentos e experiências, mesmo depois de ter passado oito ou nove anos na escola, estudando a língua materna. Tais dificuldades, uma vez não superadas, acabam por comprometer de alguma forma o percurso de aprendizagem, além, claro, da participação na vida social.

Percebendo que nós, professores de Língua Portuguesa, somos elos dessa corrente, protagonistas capazes de auxiliar no sucesso e/ou fracasso do processo de ensino/aprendizagem, esta pesquisa busca contribuir para uma postura pedagógica no ensino de Língua Portuguesa que propicie ao aluno a ampliação de seu conhecimento para ler, escrever e falar, desenvolvendo continuamente sua criatividade e seu envolvimento na sociedade, de vários modos.

O objetivo deste capítulo é investigar as possibilidades que alunos do nono ano do ensino fundamental apresentam para fazer revisões na escrita de seus próprios textos. Pretendeu-se assim compreender o sentido que os alunos atribuem à revisão de textos quando têm a oportunidade de refletir sobre eles, visando especificamente: (a) identificar os principais aspectos revisados em três situações de produção diferenciadas, do ponto de vista discursivo; (b) entender como os alunos vivenciam as tarefas propostas.

Bases do estudo

Uma das grandes dificuldades dos alunos nas escolas está relacionada à produção de textos escritos. A princípio, pode até parecer simples, mas redigir é uma tarefa bastante complexa. O escritor precisa conhecer bem o assunto a fim de determinar as ideias mais relevantes, selecionando aquelas que constituirão progressivamente o conteúdo do texto. Em latim, o sentido da palavra *textum* significa "tecido", "entrelaçamento"; portanto, um texto

Aprender a escrita, aprender com a escrita • **133**

seria o resultado da ação de tecer, de entrelaçar as partes para formar um todo inter-relacionado e organizado de sentido.

Para compreendermos a composição de um texto, precisamos levar em conta um conjunto de fatores e determinantes, já que a produção escrita é um processo que se caracteriza pela constituição de uma discursividade: um conjunto de relações significativas que traz marcas de um sujeito histórico-social imerso num mundo cultural e simbólico (Leal, 2005). Reconhecer esses determinantes é essencial, dado que "a compreensão é uma forma de diálogo; ela está para a enunciação assim como uma réplica está para outra no diálogo. Compreender é opor à palavra do locutor uma contrapalavra" (Bakhtin, 1988, p. 131-2). Ao produzir um texto, o autor espera do leitor algum retorno, algo capaz de permitir uma dialogia, "qualquer tipo genuíno de compreensão deve ser ativo, deve conter já o germe de uma resposta. A cada palavra da enunciação que estamos em processo de compreender, fazemos corresponder uma série de palavras nossas, formando uma réplica" (Bakhtin, 1988, p. 131-2), por isso é necessário preocupar-se com o sucesso dos objetivos da produção textual, como a interação entre o produtor e o seu receptor. Para essas reflexões, buscamos também aprofundamento teórico em Koch (2003, p. 30):

> Um texto se constitui enquanto tal no momento em que os parceiros de uma atividade comunicativa global, diante de uma manifestação linguística, pela atuação conjunta de uma complexa rede de fatores de ordem situacional, cognitiva, sociocultural e interacional, são capazes de construir, para ela, determinado sentido.

Logo, nessas palavras de Koch temos o conceito de texto como o próprio lugar da interação, em que os sujeitos sociais se constituem e são constituídos dialogicamente, o que pode ser relacionado com o que antes afirmou Bakhtin. O processo de produção textual desperta interesse à proporção que entendemos que, nele, aquele que escreve está continuamente revendo seu texto, de maneira consciente ou inconsciente (Pacheco, 1992). O foco deste artigo é o processo de revisão deliberada; entretanto, a revisão é caracterizada por embates que são travados num processo de ajuste constante acerca do que vai ou não fazer parte do texto em produção. Ao revisar um texto, questões pertinentes à sua escrita passam a aflorar no processo do aluno, como: acrescentar, corrigir, dizer de outro jeito, eliminar, substituir, visando à maior compreensão e ao sucesso da interlocução.

A revisão é um procedimento que permite observar melhor o texto, de outro ângulo, tendo em vista que o aprendiz se preocupa com aspectos como: o que dizer, como dizer e que palavras usar (Rocha, 2005). Quando falamos de revisão textual, em nosso estudo, estamos ressaltando marcas visíveis deixadas pelo aluno ao longo do texto. Fitzgerald (2005, p. 15) caracteriza a revisão da seguinte forma:

> Revisar significa fazer qualquer mudança em qualquer ponto do processo da escrita. Envolve a identificação de discrepâncias entre o texto pretendido e o produzido, decidindo o que pode ou deve ser modificado no texto e como realizar as desejadas mudanças e operações, ou seja, fazendo as desejadas mudanças. As mudanças podem ou não afetar o significado do texto e podem ser prioritárias ou secundárias.

Nessa perspectiva, em qualquer segmento do processo de ensino-aprendizagem da linguagem, a revisão se constitui como prática indispensável à aquisição e produção de conhecimento durante a formação escolar. Ao elegermos a revisão textual como objeto de estudo, por conseguinte, consideramos que escrever é fator relevante à formação de nossos alunos como cidadãos. Diante disso, sugerimos que as revisões produzidas dentro de certas condições desencadeiam processos capazes de levar à constituição de conhecimentos. Ao escrever, mobilizamos conhecimentos de várias ordens e somos compelidos a pensar sobre o que sabemos e sobre como expressá-lo.

Aprender uma língua é compreender modos de conhecer a realidade e de viver a cultura. É com a linguagem, primordialmente, que interagimos com a realidade, com o mundo em que vivemos. O estudo e o ensino de uma língua, na escola, não podem deixar de considerar diferentes instâncias sociais, pois, como afirma Geraldi (1996, p. 28), "os processos interlocutivos se dão no interior das múltiplas e complexas instituições de uma dada formação social".

Nesse sentido, o papel da escola tanto pode ser o de negar às classes populares o acesso ao conhecimento como o de garanti-lo, se assumir o papel de agente de mudança nas relações sociais. Para que isso ocorra, contudo, é preciso instrumentalizar de fato os alunos para que superem sua condição de classe tal qual está mantida pela estrutura social (Geraldi, 1996, p. 34). Segundo Libâneo (1987, *apud* Geraldi, 1996, p. 95-6), uma escola que se proponha a atender aos interesses das classes populares terá de assumir suas finalidades sociais referidas a um projeto de sociedade em que as relações sociais existentes sejam modificadas. Isso significa, ainda para Libâneo, a necessidade de reorganizar a proposta pedagógica das escolas, buscando aproximar as condições concretas de vida das crianças às necessidades de aquisição de conhecimentos e habilidades, "garantindo maior participação das classes populares na definição de um projeto amplo de transformação social".

O interesse em investigar o modo como alunos do nono ano do ensino fundamental realizam revisões na escrita de seus próprios textos está ligado à compreensão do sentido que eles atribuem à atividade e dos aspectos focalizados no processo. A perspectiva

136 • Cecilia M. A. Goulart | Victoria Wilson (orgs.)

de análise discursiva aqui proposta é entendida como uma dimensão da língua em uso, em movimento. Essa perspectiva será observada considerando a natureza dos aspectos revisados pelos alunos, procurando não perder a complexidade do processo de enunciação. O estudo se norteia pela teoria da enunciação desenvolvida por Bakhtin, que contribuiu, em muito, para a compreensão da temática e do objeto de estudo em questão. Para o autor a centralidade da linguagem, como signo por excelência, tem a função de gerar e organizar os processos de constituição do sujeito, mediando a relação dialética entre o social e o individual. Partindo dessa dialética, é preciso considerar, então, que é na relação com o outro que o homem se constitui como sujeito. O sentido da vida é construído pelo homem por meio da constituição da linguagem. Na linguagem, na interação e no diálogo estão o sujeito e o outro. Por isso, Bakhtin compreende a consciência individual como fato socioideológico.

Bakhtin (1988) situa a linguagem no âmago da investigação das questões humanas e sociais, inaugurando dessa forma um novo modo de concebê-la, vendo-a como a base do desenvolvimento humano. Ao conceituar a linguagem verbal, Bakhtin (1993, p. 227) diz que "não é um dom divino nem uma dádiva da natureza. É o produto da atividade coletiva, e reflete em todos os seus elementos tanto a organização econômica como a sociopolítica da sociedade que a gerou"[1]. Logo, a linguagem é criada nas interações sociais estabelecidas entre os indivíduos na sociedade e em diferentes contextos e situações. Ela se organiza com base em uma concepção de homem como ser humano histórico, cultural, social e, ao mesmo tempo, único e singular. Um homem está em relação com o outro e o contexto, que os enquadra, via linguagem, não sendo algo pronto, mas em constante movimento. Bakhtin (1988), ao referir-se à importância do outro, postula

Aprender a escrita, aprender com a escrita • **137**

que a alteridade define o ser humano, sendo o outro imprescindível para a sua própria concepção, e por isso é impossível pensar no homem fora das relações que o ligam ao outro. A presença do outro é de extrema importância para o sujeito e, por conseguinte, para a existência de um texto. O teórico russo destaca ainda o princípio do diálogo como constituinte da linguagem, sendo uma das principais formas da interação verbal, quando compreendido em sentido amplo, ou seja, "[...] não apenas coloca a comunicação em voz alta, de pessoas face a face, mas toda comunicação verbal, de qualquer tipo que seja" (Bakhtin, 1988, p. 127). O outro é imprescindível para essa concepção, pois as bases dessa relação se fundamentam na alteridade, isto é, "eu" só me torno "eu" entre outros "eus".

A interação verbal, para Bakhtin (1992), é o ponto crucial da realidade linguística. Compreendida segundo sua natureza sócio-histórica, assim como em seu caráter dialógico, a linguagem não pode ser concebida separadamente do fluxo de comunicação verbal:

> Nossa fala, isto é, nossos enunciados [...] estão repletos de palavras dos outros, caracterizadas em graus variáveis, por um emprego consciente e decalcado. As palavras dos outros introduzem sua própria expressividade, seu tom valorativo, que assimilamos, reestruturamos, modificamos. (Bakhtin, 1992, p. 314)

As relações dialógicas estão do campo do discurso, fazem parte da língua, como fenômeno concreto. "A linguagem só vive na comunicação dialógica daqueles que a usam. É precisamente essa comunicação dialógica que constitui o verdadeiro campo da vida da linguagem" (Bakhtin, 2005, p. 183). Tanto a linguagem cotidiana, a científica, a artística, entre outras, estão imbuídas de relações dialógicas.

138 • Cecilia M. A. Goulart | Victoria Wilson (orgs.)

Nosso estudo está focado no conceito de linguagem escrita como interação na qual os sujeitos sociais se constituem e são constituídos, na medida em que a consciência e o conhecimento de mundo dos sujeitos resultam como "produto" desse mesmo processo de interação. O texto é um lugar privilegiado de interlocução, interlocução que é espaço de produção de linguagem, de constituição de sujeitos. É com a linguagem, primordialmente, que interagimos com a realidade.

As trajetórias percorridas

Em coerência com o enfoque teórico assumido, buscamos apoio na abordagem qualitativa de cunho histórico-cultural que, segundo Anastácio (2006), diferencia-se pelo olhar e pela atitude do pesquisador, que procura desenvolver compreensões e não explicações sobre o objeto pesquisado. Diante dessa necessidade de dar os primeiros passos, optei por realizar este estudo no Colégio Tiradentes da Polícia Militar de Juiz de Fora, uma escola pública, origem de muitas das minhas inquietações, onde trabalhei até maio de 2007, quando entrei no mestrado. Além disso, sabia que nessa instituição encontraria apoio da direção pedagógica e também de professores que não hesitariam em colaborar nesta pesquisa.

A escolha por trabalhar com o nono ano se deu por ser o último ano do ensino fundamental, depois de oito anos de escolaridade com ênfase no trabalho com a língua materna.

Após a autorização do diretor, o próximo passo foi convidar o professor de redação do colégio para participar da pesquisa, o qual de imediato aceitou, colocando-se à disposição a partir daquele momento. Esse primeiro encontro se deu em meados de março de 2008. No dia 31 de março do mesmo ano, mediante todas as autorizações, dei início ao trabalho de campo. Fizeram par-

Aprender a escrita, aprender com a escrita • **139**

te deste estudo seis estudantes que, na época da pesquisa, frequentavam uma mesma turma de nono ano do ensino fundamental do Colégio Tiradentes. Ao selecionar os alunos para a investigação, levamos em consideração aqueles que produziram os três textos solicitados ao longo do período em que realizamos o trabalho de campo; assim de uma turma de 41 alunos, apenas 13 fizeram os três textos.

Analisando o material produzido pelos 13 alunos, verificamos a necessidade de restringir ainda mais o número de alunos investigados. Seis alunos foram selecionados, observando-se os seguintes critérios: como havia apenas dois meninos em meio aos 13, de pronto os dois foram escolhidos; a seguir, outras quatro meninas chamaram a atenção pelos seus textos, sendo três delas pelo fato de terem feito revisões em todos os textos; a quarta menina se destacou por ter feito muitas alterações em seu primeiro texto, apenas uma no segundo texto, e nenhuma no terceiro.

Os textos foram produzidos em contexto escolar, entre os meses de março e novembro de 2008, como resposta a três diferentes propostas temáticas. A primeira, estabelecida pelo professor responsável pela sala, e as outras duas propostas, solicitadas por mim. Todos os textos passaram por três etapas: a produção escrita, a leitura do próprio texto e a reescrita.

Neste estudo, quatro textos de alunos diferentes foram analisados, com o intuito de apresentar aspectos significativos da análise realizada. Entrevistas individuais foram feitas, entretanto foram pouco consideradas aqui.

O caminho para as produções textuais

Por solicitação do professor, a primeira produção de texto constituiu-se de uma reprodução escrita pautada em uma sequência

140 • Cecilia M. A. Goulart | Victoria Wilson (orgs.)

de atividades que havia sido composta pela leitura de textos do livro didático[2] seguida por exercícios que retomavam noções conceituais e ainda por um debate realizado com base na revista *Veja* (2004). Após os exercícios[3], o professor solicitou aos alunos a redação do texto, um editorial[4], que deveria seguir as instruções do livro didático; o texto poderia ser feito em casa e entregue na semana seguinte.

As instruções da página 61 do livro didático não foram lidas em sala de aula e dizem o seguinte:

Escolha com seus colegas de grupo um dos temas sugeridos a seguir ou outro que queiram. Troquem ideias e definam qual será a posição do grupo em relação ao tema. Anotem no caderno os argumentos (a favor ou contra), tomem uma posição e redijam um editorial.

Temas sugeridos: Sonho de consumo do jovem brasileiro; O jovem e a violência urbana; Planejando o futuro; O primeiro emprego; Opção de lazer ou falta de opção?; Pichação: vandalismo ou direito de expressão?

Para produzir o texto, sigam estas instruções:

a) Pesquisem na Internet, em jornais e em revistas o assunto escolhido;

b) Façam um planejamento do editorial, definindo:

• como será a introdução e qual será a ideia principal a ser desenvolvida;

• que argumentos serão utilizados para fundamentar a ideia principal (comparações, exemplos, dados estatísticos, etc.);

• que tipo de conclusão será apresentado: síntese ou proposta.

c) Pensem nos leitores do texto – colegas da classe e de outras, professores, funcionários, familiares, amigos – e procurem escrever de modo a atrair a atenção deles e levá-los à reflexão crítica sobre o tema.

d) Utilizem uma linguagem que esteja de acordo com a variedade padrão da língua.

e) Quando terminarem a redação do editorial, deem um título a ele.

f) Façam um rascunho e, antes de passar o texto a limpo, revisem-no, seguindo as orientações do boxe **Avalie seu editorial**. Se necessário refaçam o texto.

Boxe – Avalie seu editorial – Observe se seu editorial expressa a opinião do grupo a respeito do assunto abordado; se o texto é persuasivo, isto é, se consegue convencer os leitores com bons argumentos; se apresenta uma introdução (com a ideia principal), parágrafos de desenvolvimento e uma conclusão; se a linguagem é impessoal e se está adequada aos leitores e ao gênero textual.

As atividades seguintes tiveram como ponto de partida um videoclipe de nome "Violência nas escolas: *Bullying*"[5], o qual, além de trazer o conceito, fornece vários depoimentos de pessoas vítimas do *bullying* e também de seus familiares, mostrando as graves consequências desse tipo de ação.

As propostas de redação estruturaram-se com base em uma sequência de atividades. Inicialmente, deu-se um diálogo, chamando a atenção dos alunos para os vários modos de redigir um texto. A pesquisadora comentou e mencionou alguns gêneros, como: propaganda, carta, bilhete, texto jornalístico e informativo, questionando se essas não seriam formas diferentes de escrever e se os

142 • Cecilia M. A. Goulart | Victoria Wilson (orgs.)

alunos poderiam ou não considerar esses outros tipos de escrita como textos? Depois de estabelecidos os objetivos da atividade foi então exibido o vídeo: após a apresentação seria pedido que eles relatassem algo similar que lhes tivesse acontecido e, num segundo momento, que expusessem suas ideias sobre aquilo a que haviam acabado de assistir.

Em seguida, a pesquisadora estabeleceu a interação propondo um debate com a pergunta: o que mais chamou a atenção de vocês no vídeo? Aos poucos os alunos foram se soltando, e muitos até se identificaram com o problema. Outras questões foram lançadas: conhecem alguma situação parecida? Já presenciaram algo assim? Muitas histórias foram surgindo, relatos de situações vividas por eles mesmos ou por conhecidos. Encerrados os relatos e depoimentos, a pesquisadora lhes pediu a escrita dos textos, primeiro a narração de algo semelhante e, num segundo momento, a exposição de suas ideias. Essas propostas de produção de textos seguiram um procedimento bastante semelhante ao utilizado por Tolchinsky (2007).

A análise realizada sobre o material foi orientada pelas revisões feitas pelos alunos. Para observar as alterações de cada etapa, utilizou-se o seguinte procedimento: após o planejamento do professor, iniciou-se a produção do texto com caneta azul. Depois de escritos, os textos foram recolhidos, fotocopiados para análise e devolvidos aos alunos. A partir desse momento, a pesquisadora assumiu os trabalhos e solicitou aos adolescentes a leitura seguida da reescrita do próprio texto. Nessa segunda etapa, os sujeitos da pesquisa trocaram de caneta, passando a escrever com tinta verde e podendo modificar o que julgassem necessário para tornar os textos mais claros e melhores. Mais uma vez, os textos foram recolhidos e fotocopiados. Dessa vez, os originais ficaram com a pesquisadora e as cópias foram devolvidas aos alunos. Todas as

Aprender a escrita, aprender com a escrita • **143**

etapas foram feitas sem a intervenção do professor-regente, em procedimentos previamente combinados e discutidos com ele.

A revisão dos textos – análise do material de pesquisa

Os seguintes aspectos orientaram a análise realizada: a) as informações gerais colhidas nas entrevistas com os alunos; b) a relação de cada aluno com a escrita; c) as considerações do aluno sobre a atividade de revisão textual; d) os temas abordados nos diferentes textos e as revisões efetivadas em cada texto.

As categorias definidas para a análise das revisões foram: a) reformulação sintático-semântica (substituições voltadas para o controle do sentido do texto); b) expansão (quando há acréscimo de conteúdo); c) revisão ortográfica (voltada para convenções da escrita); e d) revisão da pontuação.

A seguir, as produções dos quatro alunos selecionados são analisadas, de modo contextualizado, com privilégio para a dimensão discursiva, destacando-se o foco e o valor das revisões.

Texto 1: Aluna B

B tem 15 anos e demonstra gostar de escrever. Fora de sala de aula, diz ter o hábito de escrever cartas para o irmão, o pai e os amigos. Escreve em datas comemorativas, como aniversário e Natal, e, às vezes, à toa, sem motivo aparente. Em outras, quando ocorre uma discussão com o pai ou a mãe. Para as amigas, escreve com mais frequência, sobretudo bilhetinhos e cartas. A esse respeito, nos deu o seguinte depoimento:

Ao escrever um texto, penso na pessoa que está lendo. Tento imaginar a situação, então, escrevo como se eu tivesse falando com ela. Se o assunto for marcante, interessar-me, empenho-me mais na escrita, lembrando--me depois o que escrevi.

144 • Cecilia M. A. Goulart | Victoria Wilson (orgs.)

A intencionalidade da produção discursiva é flagrada na fala de B. Ela relata que, no momento em que a turma foi solicitada a efetuar a revisão dos textos, achou que eu queria despertar alguma coisa neles, os alunos, mas não sabia o quê. Pensava que o pedido poderia advir de o texto estar um pouco ruim, ou de haver algo para ser melhorado. Segundo B, redação é uma matéria a que ninguém dá muita importância e há aqueles que não gostam mesmo de escrever textos. Portanto, quando se pede para escrever e depois corrigir, isso viria para despertar certo interesse pela escrita. B fez o seguinte relato:

Normalmente quando escrevo, leio logo após. Quando acho que tenho que alterar, altero. Não tanto quanto eu fiz para você. É sempre mais superficial, às vezes, eu tirava uma vírgula e colocava um ponto. Alterações pequenas assim, o professor já trabalhava com a gente, mas ele nunca trabalhou desta forma. Ele dá muita matéria no quadro. Ele não é de pedir para nós fazermos texto. Pelo menos para mim foi diferente. Fazer um texto e poder corrigi-lo.

Ao analisar as revisões nos três textos, B comentou:

No início, eu estava mais empolgada, aí eu fui com calma, corrigi mais. Melhorei mais o texto, acrescentei mais coisas. No segundo, eu não me lembro direito o que aconteceu, mas eu tenho certeza que estava com um pouco de preguiça para fazer as atividades, aí, eu achei que não estava ruim, eu acabei não acrescentando nada.

Mais à frente, ainda sobre o mesmo assunto, B reforçou o fato de que não tinha o costume de fazer texto. No primeiro, achava que tinha escrito pouco. O texto estava muito simples, por isso mudou muito. No segundo e no terceiro, como estava se sentindo mais experiente, procurou escrever melhor a primeira versão, não precisando passar por tanta revisão. Para finalizar, ressaltou que, se o tema for interessante e o aluno estiver realmente disposto a fazer um texto legal, ele tem possibilidade de corrigir seu texto sozinho.

Aprender a escrita, aprender com a escrita • **145**

No texto aqui exposto, B ressalta o quanto é difícil planejar o futuro. Ele é incerto. Embora saibamos que somos responsáveis por nossa história, não podemos antecipar o que nos espera. Sonhos e planejamentos existem, mas nem sempre são alcançados por causa do destino. A aluna reconhece que na vida e no futuro tudo depende de nós, das escolhas que fazemos. Por escolha própria ou errada, nós traçamos nosso destino. Para ela, os desafios fazem parte da vida. B realizou revisões de quatro tipos em seu texto. Destacamos aqui alguns aspectos para analisar: ela mudou a entoação do texto, ao fazer alterações na pontuação, ou seja, substituiu duas vírgulas por ponto-final, trocando a letra minúscula pela maiúscula, e substituiu ainda um ponto-final por vírgula. Abaixo apresento o texto antes da revisão:

[...] a vida não é como um livro que você escreve e assim fica, intocável. Todos nós escrevemos uma história. Esperamos que seja assim. Mas ninguém sabe o que nos espera mas a frente.
Sonhos e planejamentos? Todos temos. Até um certo ponto tudo é como você quer, só que o destino muda tudo.

Depois da revisão ficou assim:

*[...] a vida não é como um livro que você escreve e assim fica. **I**ntocável. Todos nós escrevemos uma história. Esperamos que seja assim, **m**as ninguém sabe o que nos espera mas a frente. Sonhos e planejamentos? Todos temos. Até um certo ponto tudo é como você quer. **S**ó que o destino muda tudo.*

A revisão efetuada por B mostra uma preocupação com o parcelamento do texto que se traduz em onde colocar o ponto e a vírgula. O que essa alteração representa para o seu texto como um todo? A aluna parece se dar conta, ao revisar o texto, de que a pontuação tem valor semântico e de que, mudando-a, pode conseguir um texto melhor, mais claro e consistente. E não só valor semântico, mas dis-

146 • Cecilia M. A. Goulart | Victoria Wilson (orgs.)

cursivo. A entonação, como diz Bakhtin, produz um enorme efeito de sentido no texto. B destacou partes significativas, como *Intocável* e *Todos temos*, para acentuar o grau de expressividade. Nesse momento, B se colocou, com mais evidência, como autora de seu texto. Portanto, foram revisões voltadas para o sentido do texto.

Em primeiro lugar, eliminou [...] *na hora, pois tem sempre*. Antes da reformulação, lia-se: *Pedras aparecem no caminho e você se atrasa pois tem que desviar delas. Ou então você chega antes, pois alguém havia te ajudado retirando as pedras para você.* Depois da revisão ficou assim: *Pedras aparecem no caminho e você se atrasa pois tem que desviar delas. Ou então você chega na hora, pois tem sempre um amigo pronto para te ajudar.*

A outra reformulação está no último parágrafo. Antes da revisão, o texto apresentava-se desta forma: *As pedras os desafios são coisas normais. A vida é você quem escreve. Apesar da caixinha de surpresas que ela é.* Depois, ficou assim: *As pedras os desafios são coisas da vida.*

Nessas duas substituições, B procurou reforçar o sentido do texto, revelando sua preocupação com o outro, no discurso. Ademais, B expandiu o texto elaborado inicialmente, acrescentando a seguinte parte no final do terceiro parágrafo:

Está certo que a nossa vida, o nosso futuro, somos nós que fazemos, pois tudo depende das escolhas que fazemos, e das pessoas que escolhemos para nos ajudar. Não podemos esquecer que muitas vezes somos nós que criamos as pedras ou até vamos pelo camilho[6] das pedras por escolha própria, ou por escolhas erradas.

A parte acrescentada pode ser entendida como um aprofundamento do sentido do texto como um todo. Ou seja, a alteração realizada afeta todo o discurso. Houve ainda a revisão no plano da pontuação, em que B acrescentou duas vírgulas no seguinte período: *Está certo que a nossa vida, o nosso futuro, somos nós que fazemos* [...], configurando-se como mais uma revisão voltada para a melhor clareza do texto. Dessa forma, o texto ganhou em expressividade. As vírgulas, assim como a pontuação em geral, têm caráter estilístico. No processo de revisão, parece que a aluna se deu conta desse fato, foi o momento em que ela interveio deliberadamente no texto.

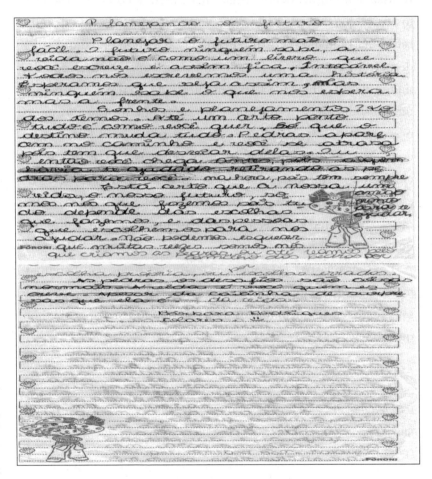

Figura 1 – Texto 1 da aluna B.

148 • Cecilia M. A. Goulart | Victoria Wilson (orgs.)

Texto 2: Aluna J

J tem 15 anos e na entrevista mostrou-se mais propensa à escrita do que à leitura, revelando gostar muito de escrever e fazê-lo, na maioria das vezes, baseada em filmes de ficção e em notícias de TV, principalmente assassinatos. J contou que primeiro assiste ao filme, depois pega uma caneta e começa a escrever histórias que vão surgindo. Em sua escrita, fora da sala de aula, relaciona também o gosto por poesias. Segundo ela, o que a fez despertar para a escrita foi uma minissérie que passava todo domingo na TV, chamada "Sobrenatural" da qual ela não perdeu um episódio. A série mostrava criaturas que atormentavam as pessoas. Depois que a minissérie saiu de cartaz é que J começou a escrever, a inventar histórias, todas inspiradas nela. Para J, o início de sua escrita se deu antes desse episódio, com as redações de escola. Aos poucos foi percebendo "que tinha dom para a escrita". J afirma que escreve, às vezes, baseada naquilo que gostaria que o colégio lhe pedisse para ler.

Em suas revisões, ela conta que tentou ver o que podia complementar, porque sempre que tem de escrever na escola percebe que seus textos ficam incompletos. Por isso tentou corrigir o máximo que podia:

Às vezes, eu pego e começo a escrever. Escrevo aquela coisa e, depois, quando eu pego o texto de novo, eu costumo olhar o que eu escrevi de forma diferente e achar mais coisas que eu podia escrever daquilo, coisas que eu podia completar. Então para mim, ele não ficou bom, eu tento consertar porque eu não gostei do que escrevi. Tento melhorar o máximo.

No entanto, J nunca revisara antes, a primeira vez foi com esse trabalho de pesquisa. Para ela, quando se faz uma redação na sala, o professor sempre a devolve corrigida, não indicando que seja

Aprender a escrita, aprender com a escrita • **149**

passada a limpo ou escrita de novo, nem que seja feita uma revisão para ver se tem alguma coisa com que a aluna não concorda.

Esta foi uma oportunidade única. Antes eu escrevia por escrever, e entregava, aí, eu procurava dar o melhor de mim, se eu lembrasse de alguma coisa, eu já tinha entregado e não tinha como eu escrever de novo.

A aluna contou que sua redação era uma confusão de dez linhas e que, às vezes, mexia nela muito pouco. Com os trabalhos tinha mais cuidado e, quando elaborava a conclusão, relia, fazia de novo, até chegar a um texto final. J acha que todo professor deveria dar a oportunidade de os alunos fazerem uma nova escrita. Comentou que já possuía o hábito de ler seus textos antes de entregá-los ao professor, tentando deixar suas ideias coerentes, mas não que isso não chegasse a ser uma revisão, "assim de tirar um pedaço, colocar outro, de riscar e fazer de novo. Corrigia um acento, uma palavra, mas nada de mudanças, mudanças".

De acordo com a aluna, o que a levou a fazer as revisões foi saber que nem todo dia estamos inspirados. Às vezes escrevia porque tinha de escrever e não porque estivesse com vontade, com inspiração. Então, quando voltava a ler, era como se aquele texto não fosse seu, a vontade de mudar tudo aparecia. Ela concluiu que foi bom fazer a revisão nos três textos, pois dessa forma pôde completar suas ideias e desenvolver mais um parágrafo, considerando suas revisões boas e necessárias.

Ainda para J, no texto que aqui tomamos para analisar, a pichação pode ser tratada como forma de expressão dos oprimidos, que necessitam de espaço e atenção. J reconhece que algumas pichações ferem a moral e os bons costumes, merecendo ser penalizadas, pois são atos vândalos. A pichação precisa ser trabalhada para que a sociedade aceite-a como valorização da arte e ela deixe de ser movida pela opressão das opiniões, de seus trabalhos e da

150 • Cecilia M. A. Goulart | Victoria Wilson (orgs.)

rebeldia. Segundo J, a solução seria a integração dos jovens na sociedade, em prol de maior respeito, compreensão e, acima de tudo, valorização, espaço e oportunidade para apresentar sua arte.

J realizou revisões de três tipos no primeiro texto que produziu: organização do texto (três ocorrências), reformulação (uma ocorrência) e expansão (uma ocorrência). No primeiro e no terceiro parágrafo, J fez três alterações ortográficas. Acrescentou uma vírgula em cada parágrafo e, no terceiro, corrigiu a palavra *acima*, conforme pode ser observado abaixo.

1.º) [...] deve ser penalizada de forma correta, e de acordo com as leis brasileiras [...]

3.º) [...] compreendidos e integrados pela sociedade e que acima de tudo, valorização, respeito [...]

Além de alterações na pontuação e na ortografia do texto, que são aqui consideradas do ponto de vista discursivo, por serem voltadas para o outro e definidas no instituído por convenção, respectivamente, observa-se a atenção de J a questões sintáticas e semânticas. J se ocupa com o texto do ponto de vista de sua organização. Uma reformulação acontece no segundo parágrafo, na parte do desenvolvimento do texto. A aluna reestrutura o período, modificando a posição de alguns termos da oração, passando-os para ordem direta. A parte refeita, além de ter deixado o período mais claro, tem forte conteúdo argumentativo, reforçando o que ela já havia expressado anteriormente, isto é, sua posição favorável à pichação. O reforço do sentido do discurso, então, é o que sobressai nesta revisão, conforme pode ser visto nos trechos abaixo, em que J substituiu:

[...] mostrarem que precisam de espaço e valorização da sua arte e dos seus apelos, pois é movida pelo descontentamento diante da falta de cré-

Aprender a escrita, aprender com a escrita • **151**

dito da sociedade, opressão das opiniões e de seus trabalhos e da rebeldia por [...] expressarem seu descontentamento em relação a desvalorização de sua arte e a própria falta de integração e interatividade dos mesmos na sociedade, que contribuem cada vez mais aos atos de rebeldia e resolução juvenil, bem como a violência e outras causas maiores.

deixando o texto do seguinte modo:

A pichação deve ser tratada como uma forma de os jovens expressarem seu descontentamento em relação a desvalorização de sua arte e a própria falta de integração e interatividade dos mesmos na sociedade, que contribuem cada vez mais aos atos de rebeldia e resolução juvenil, bem como a violência e outras causas maiores.

Logo após a reformulação, J expandiu o texto em um parágrafo, uma expansão que tem também conteúdo argumentativo, reforçando mais uma vez o que a autora já havia expressado acima, sua posição favorável à pichação. O que sobressai é o reforço do sentido do discurso. A parte acrescentada ao texto encontra-se a seguir:

Devemos encarar a pichação como arte moderna e revolucionária e procurar valorizá-la, pois assim como os artistas (pintores, etc) famosos apresentam sua arte, os jovens também podem ser apreciados e valorizados de acordo com sua forma de expressão.

As alunas J e B, ao se pronunciarem sobre as aulas de redação, declararam:

J: [...] quando você faz uma redação, o professor sempre te devolve corrigida, não manda você passar a limpo, escrever de novo ou ver se tem alguma coisa que você não gostou [...]

B: [...] redação é uma matéria que ninguém dá muita importância, há aqueles que não gostam de escrever textos... O professor já trabalhou com a gente, mas ele nunca trabalhou desta forma. Ele dá muita matéria

152 • Cecilia M. A. Goulart | Victoria Wilson (orgs.)

no quadro, assim..., e depois ele pede na prova. Ele não é de pedir para nós fazermos texto.

Os discursos das alunas deixam claro que a aula parece produzir um reconhecimento sem conhecimento (Batista, 1997). O texto é visto na escola como uma atividade que atende somente às exigências do professor e às regras institucionais, na maioria das vezes com caráter avaliativo, e não como uma prática social. O ensino de Língua Portuguesa tem sido marcado, tradicionalmente, como uma prática enfadonha e sem sentido. O que se vê são processos de aprendizagem fragmentados, palavras isoladas sendo analisadas. Os dizeres das alunas mostram, de certa maneira, a crítica ao trabalho realizado na escola, uma prática que, de modo geral, resulta em textos artificiais. Para as alunas, os textos feitos em sala de aula são desprovidos de sentido para o aperfeiçoamento, a reflexão, e elas não percebem o valor das aulas. Desaparece o "aluno-sujeito", aquele capaz de criar, imaginar, para surgir, então, o "aluno-função" (Geraldi, 1996). Por meio das falas de L e B, percebe-se que tais atividades resultam em elaborar uma redação e não um texto. Essa diferença é denunciada por Geraldi (1996) para quem a redação se constitui em escrever textos *para* a escola, e a produção de textos seriam os textos escritos *na* escola. Enquanto os primeiros não passariam de simulação, os últimos constituiriam exercício real, para situações reais.

Enquanto essas atividades forem impostas sem estabelecer uma área de interesse comum a quem escreve e a seu interlocutor, as alunas se sentirão assim, desmotivadas, desinteressadas. Para Souza (2003), faz sentido escrever textos na escola se houver competência dos professores em considerar as últimas contribuições das pesquisas linguísticas, em diferentes abordagens. Os estudos deslocam-se, então, para considerar o sujeito, o aluno, em sua historicidade, suas influências ideológicas, seus medos e suas apostas. Tal discussão já evidencia que se aprende por práticas significativas e não por exercícios. Portanto, o professor necessita de um conhecimento sobre as relações dos alunos com os saberes que se ensinam (Batista, 1997).

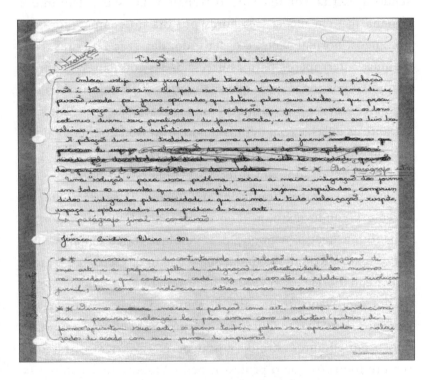

Figura 2 – Texto 2 da aluna J.

Texto 3: Aluno D

D tem 15 anos e seu hábito de escrita fora da sala de aula se dá por intermédio do computador. Durante a semana, D é livre para fazer seu horário no computador, desde que estude uma hora por dia. Usa-o, na maioria das vezes, para jogos, tanto durante a semana, quanto nos finais de semana. A internet

154 • Cecilia M. A. Goulart | Victoria Wilson (orgs.)

é liberada pelos pais aos sábados e domingos, quando sites de relacionamento, como MSN e Orkut, são acessados, e, ainda assim, são feitos os trabalhos da escola, também nesse período. O aluno revela quase não acessar os sites de relacionamento, sendo a escrita voltada para o trabalho da escola. Durante a semana fica em média três horas por dia no computador. Aos domingos, normalmente, é o dia todo, das 7 às 20 horas, com algumas interrupções para as necessidades cotidianas. D afirma seu gosto por jogos e diz que sua escrita se resume a trabalhos escolares e deveres de casa que, muitas vezes, são feitos em sala, durante as aulas, e com permissão do professor. Por fim, o aluno informa não ter o costume de escrever textos.

Ao ser solicitado para fazer as revisões, seu pensamento era de que algo estava errado nos três textos. D revelou que, ao rever o segundo texto, acabou resolvendo criar outro, por ter achado o primeiro "sem noção". Seu objetivo era tentar melhorar os textos. Ressaltou, ainda, que seu jeito de escrever é errado, pois, segundo ele, escreve sem acento. Para D, a dificuldade na escrita é proveniente da falta de leitura, já que, conforme ele, somente lê os livros adotados pelo professor (livros paradidáticos). No entanto, afirmou gostar de escrever textos, fazendo sempre todos os que o professor pede. Embora tenha sido essa a primeira vez, disse ter gostado de fazer as revisões: "Ah, é um jeito de eu melhorar, né? Melhorar a minha escrita, meu texto. Gostei de fazer". Contudo, depois do segundo texto, começou a achar cansativo: "A primeira vez foi tranquilo, a partir do segundo fui cansando". D acrescentou não ter o hábito de ler o que escreve em provas: "Se eu souber a questão, eu faço direto, sem ler depois".

Ao falar do texto selecionado para este artigo, D iniciou observando que os jovens, ao sair de casa, enfrentam assaltos, sofrendo

Aprender a escrita, aprender com a escrita • **155**

com a violência urbana. De outro lado, os ladrões, que são vistos como aqueles que roubam para sobreviver, por não terem condições financeiras. Para D, ações do governo, como cestas básicas, bolsa família e bolsa educação, acabariam com a violência urbana, porque, com essas bolsas, as pessoas não passariam fome e teriam dinheiro para comprar material escolar para seus filhos, extinguindo com a violência urbana.

O texto de D foi revisado com uma reformulação da parte final, que apresentava valor conclusivo. D substituiu:

Ai acabaria com as violências urbanas para e dasse bolsa família e também a bolsa educação para que as pessoas não passem fome e tem um dinheiro para comprar material escolar para seus filho. Então acabaria com a Violência Urbana

Ao reformular, D aprofundou a proposta que faz para acabar com a violência urbana, antes de concluir, acrescentando e argumentando com possibilidades de ação do governo para acabar com a violência urbana *e dasse bolsa família [...] violência urbana*. O fato de ter passado a expressão *violências urbanas* para o singular no processo de reformulação também mostra a reflexão do aluno que passa a encarar o fenômeno como um todo e não como uma soma. Aspectos como esse reforçam a importância de, na escola, os alunos terem oportunidades de fazer análises e revisões em seus próprios textos e em textos de outros autores e alunos.

Com essa revisão, o jovem mostrou que, ao voltar a refletir sobre o tema, entendeu que podia tornar mais explícita a sua proposta, logo sua reformulação incidiu sobre todo o sentido do texto.

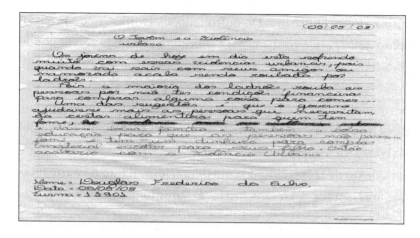

Figura 3 – Texto 3 do aluno D.

Texto 4: Aluna L

L tem 17 anos. Relatou que vem de uma família em que todos têm uma boa relação com a escrita, principalmente a irmã, que cursa a faculdade de Letras. Segundo a aluna, essa irmã tem vocação para a escrita. Sobre as histórias que a irmã redige, L diz dar opinião sobre as personagens e observou inclusive que se identifica muito com uma delas, sem que saiba ter servido de fonte inspiradora para a irmã. A aluna tem o hábito de escrever todo dia e, embora essa escrita se refira a fatos do seu cotidiano, não gosta de chamar essa prática de "diário", pois julga o gênero infantil.

É uma anotação que eu faço do meu dia a dia. É como eu estou me sentindo naquele dia, o que eu penso sobre aquilo, sabe... O que acontece comigo. Sobre minhas decepções, sobre meus momentos feridos. Eu gosto de escrever mesmo para ficar guardado, sabe... Um dia... por exemplo, na semana passada, eu peguei meu caderninho para ler e vi, nossa! Como mudou! Como eu pude fazer isto? Eu gostava, sabe...

Além desse exercício diário, L demonstrou também ter muito gosto em escrever cartas para as amigas, que são bem-aceitas e elogiadas. Por causa disso, L considerava sua escrita mais madura em relação à escrita das colegas. Segundo ela, esse hábito foi adquirido mediante leituras de livros e também escritas de sua irmã.

Ao se pronunciar sobre as revisões, a aluna afirmou que, em um primeiro momento, teve a impressão de que o objetivo fosse corrigir os textos, acrescentar algo. Mas essa não foi a primeira vez em que fez uma revisão, pois já tinha o hábito de reler tudo que escreve para o professor. Mesmo em provas, disse lê-las três vezes, antes de entregar, isso porque escreve sempre muito rápido e tem consciência de que, às vezes, esquece de escrever palavras, vírgulas. Com a leitura, aproveita para aperfeiçoar sua escrita. Conforme a jovem, o que a leva a fazer as revisões é a tentativa de melhorar seus textos, "eu queria melhorar ele mais e mais". Quanto a revisar os três textos envolvidos na presente pesquisa, L falou que não achou cansativos os procedimentos, pois fez as revisões procurando dar o melhor de si: "Eu achei que não estava legal, então eu quis fazer de novo, de novo. [...] Eu queria melhorar, mas eu não consegui, sabe... eu queria fazer melhor".

L ainda contou que gosta de fazer tudo benfeito e tentou, com suas revisões, passar essa preocupação para quem fosse ler. Esperava que seu texto sobressaísse, que fosse considerado um texto de adulto, para mostrar que uma menina do nono ano tem potencial para a escrita, segundo suas palavras. Ela ainda ressaltou que todos os professores deveriam dar a oportunidade de revisão aos alunos. Se o tema for bom, não se torna cansativo escrever e reescrever. No final, disse ter ficado muito feliz com o fato de ter sido chamada para a entrevista, pois este foi sempre um sonho seu: um dia ter um texto que alguém considerasse incrível.

No texto em questão, L aborda o tema violência na escola, relatando um caso de discriminação ocorrido em sala de aula. De acordo com ela, os colegas implicavam com a aparência de um garoto, além de zombar dele e dar-lhe apelidos. O menino não reagia porque era pequeno e magro. L, hoje, mostra-se arrependida por não ter ajudado o menino. Segundo a aluna, não há graça em zombar, discriminar uma pessoa.

[...] Por isso os "meninos" judiava bastante dele. Apagava o quadro com ele, colocava apelidos, zombavam ele e a mãe dele, catava as coisas dele etc...
Ele não fazia nada, até porque ele era pequeno e magro.
Hoje me sinto culpada, podia ter feito algo para ajudá-lo, hoje percebo que não tem graça zombar, discriminar uma pessoa. Somos todos iguais! Independente da sua aparência.

L fez revisões voltadas para o controle do sentido do texto, ao mudar o para a na palavra *culpado* e ao acrescentar no final do parágrafo *independente de sua aparência* e a restrição do sentido do termo *iguais*, em *Somos todos iguais*. Tais mudanças afetam o sentido do texto como um todo, e L procura orientar a interpretação do leitor. As ocorrências evidenciam uma escrita na direção ao outro do discurso, delimitando também determinadas partes que ganham em expressividade.

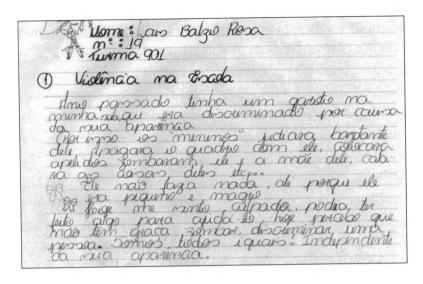

Figura 4 – Texto 4 da aluna L.

Conclusões e implicações pedagógicas

Analisando as respostas dos alunos nas entrevistas e comparando-as com as revisões efetuadas, percebe-se que o gosto por redigir está relacionado à liberdade de expressão. Os alunos não se sentem motivados a escrever quando o assunto não é interessante. Enquanto não houver um objetivo concreto, mais contextualizado, para a elaboração de textos, essa atividade se realizará para atender a uma preocupação com obrigações como notas e regras gramaticais, somente. Segundo Passareli (2004), no contexto escolar, em que os objetivos de ordem acadêmica não estabelecem vínculo com um sentido social mais amplo, a língua se transforma num fim em si mesma. Nesse sentido, as práticas de leitura e escrita desenvolvidas pelos alunos fora do ambiente escolar aproximam-se mais de suas realidades, estabelecendo a verdadeira ligação que existe entre a linguagem e o mundo. A vida deve ser levada para dentro da escola para que as produções de texto tenham sentido. Para que os textos em sala de aula passem de uma ação improdutiva para uma ação prazerosa, é preciso não ignorar a natureza social e dialógica dos enunciados. Neste estudo, o que sobressaiu é que a produção textual na escola envolve a discussão sobre a realidade de várias formas, assim como os modos de falar e escrever dos alunos sobre os temas trabalhados.

Outro dado que chamou a atenção é o esforço, revelado pelos alunos durante a entrevista, em construir um bom texto fundamentando-se nas revisões. Esse entendimento dos alunos destoa de abordagens realizadas na revisão. Eles revelam saber que escrevem "errado", que conseguem identificar os erros, mas nem sempre conseguem corrigi-los. Essas revelações mostram, então, que os alunos conseguiram se posicionar de forma crítica diante da atividade de revisão textual.

Para que os esforços dos alunos gerem textos mais produtivos, é preciso mais empenho daqueles que ensinam, com a elaboração de propostas que sejam coerentes e respeitem o conhecimento do aprendiz (Leal, 2005). Isso é possível por meio de práticas pedagógicas que considerem interlocutores reais e fomentem a diversidade dos sentidos, para que o aluno possa constituir-se em sujeito-autor e participar de práticas sociais.

Este estudo pretendeu evidenciar um modo de olhar que permita enxergar as possibilidades que os alunos têm ao fazer suas revisões. Pode-se dizer, como conclusão, que os dados indicam que os sujeitos possuem a capacidade de revisão, embora demonstrem certa dificuldade na atividade. Ainda assim, é preciso que essas possibilidades sejam exercitadas continuamente na escola. De acordo com as dificuldades apresentadas pelos alunos na revisão, o professor poderá determinar a zona de intervenção na qual deverá atuar para facilitar o progresso do aluno naquela direção, podendo assim garantir a

Aprender a escrita, aprender com a escrita • **161**

produção de processos capazes de levar à constituição do conhecimento, uma escrita mais valorizada socialmente, já que escrever é
fator relevante à formação de cidadãos ativos na sociedade.

As análises sobre revisão textual revelam que essa prática permite que o autor veja o próprio texto de outro ângulo, buscando
colocar-se no lugar de seu leitor e reconhecer outras possibilidades
de aperfeiçoar o discurso escrito. Por fim, entende-se que é preciso
buscar uma sala de aula que permita ao aluno tornar-se um autor.
Salas que possibilitem o diálogo. A saída pode estar, segundo Leal
(2005, p. 67), "no quanto aquele que ensina e aquele que aprende
se abrem, cada vez mais, para a compreensão ativa".

O apoio encontrado em Bakhtin (1992) permitiu entender que,
para a palavra, e por conseguinte para o homem, nada é mais ter-
rível do que a falta de uma resposta, de uma interlocução. Diante
dessas considerações, a escola deve proporcionar oportunidades
de interação com o outro, numa prática dialógica que permita a
construção do sujeito-autor, promovida por uma pedagogia liber-
tadora e aberta a novos desafios.

Notas

1 Tradução nossa do texto em espanhol: "[...] el lenguaje no es un don divino ni un regalo de la naturaleza. Es el producto de la actividad humana
colectiva, y refleja en todos sus elementos tanto la organización económica
como la sociopolítica de la sociedad que lo ha generado".

2 O livro didático adotado pelo Colégio era *Português e linguagens*, de
William Roberto Cereja e Tereza Cochar Magalhães, oitava série.

3 Páginas 57-8.

4 Segundo o livro didático utilizado em aula: "O Editorial – os bons jornais e revistas do país, quando noticiam os fatos, evitam misturar notícia
com opinião. Assim, procuram veicular a notícia com certa neutralidade
e, quando querem opinar sobre um fato relevante, expressam seu ponto
de vista numa seção criada especificamente para esse fim: o editorial. Da
mesma família de outros gêneros argumentativos, o editorial faz a defesa

162 • Cecilia M. A. Goulart | Victoria Wilson (orgs.)

de um ponto de vista. Por isso tem finalidade persuasiva, isto é, procura convencer o leitor a partir de argumentos".

5 Fonte: YouTube, "Violência nas escolas: bullying" , 4:56, produzido pelo Jornal da Record. Disponível em: <http://www.youtube.com/watch?v=yiF Q19u0dFs&feature=youtu.be>. Acesso em: out. 2012.

6 Assim no original.

Referências bibliográficas

ANASTÁCIO, Maria Queiroga A. "Pesquisa qualitativa: concepções e perspectivas". *Educação em Foco*. Juiz de Fora: Edufjf, v. 11, n. 1, p. 189-98, mar./ago. 2006.

BAKHTIN, Mikhail (VOLOCHINOV). *Marxismo e filosofia da linguagem: problemas fundamentais do método sociológico na ciência da linguagem*. Tradução Michel Lahud e Yara Frateschi Vieira. São Paulo: Hucitec, 1988.

BAKHTIN, Mikhail. *Estética da criação verbal*. Tradução Paulo Bezerra. São Paulo: Martins Fontes, 1992.

_____. "Qué es el lenguaje?" In: SILVESTRI, Ariana; BLANCK, Guilherme. *Bajtín y Vigotski: la organización semiótica de la conciencia*. Barcelona: Anthropos, 1993, p. 217-43.

_____. "O discurso em Dostoiévski." In: _____. *Problemas da poética em Dostoiévski*. Tradução Paulo Bezerra. 3. ed. Rio de Janeiro: Forense Universitária, 2005, p. 181-272.

BATISTA, Antônio A. Gomes. *Aula de português: discursos e saberes escolares*. São Paulo: Martins Fontes, 1997.

FITZGERALD, Scott. "Tendra és la ni". Barcelona: Ed. 62, 1987. In: SANTA-CLARA, Ângela M. Oliveira. *A constituição dialógico-argumentativa do conhecimento no processo de produção do texto escrito*. 2005. 244 f. Tese (Doutorado). Departamento de Psicologia do Centro de Filosofia e Ciências Humanas da Universidade Federal de Pernambuco (UFPE). Recife, 2005.

Aprender a escrita, aprender com a escrita • **163**

FREIRE, Paulo. *Pedagogia da autonomia: Saberes necessários à prática educativa*. São Paulo: Paz e Terra, 1996, p. 32.

GERALDI, João W. *Linguagem e ensino: exercício de militância e divulgação*. Campinas: Mercado de Letras, 1996.

JOVENS. *Revista Veja*, São Paulo, n. 1859, 2004. Edição Especial.

KOCH, Ingedore G. Villaça. *Desvendando os segredos do texto*. São Paulo: Cortez, 2003.

LEAL, Leiva de F. Viana. "A formação do produtor de texto escrito na escola: uma análise das relações entre os processos interlocutivos e os processos de ensino". In: VAL, M. da Graça Costa; ROCHA, Gladys. *Reflexões sobre práticas escolares de produção do texto – O sujeito autor*. Belo Horizonte: Autêntica, 2005, p. 53-67.

LÜDKE, Menga; ANDRÉ, Marli E. D. A. *Pesquisa em educação: abordagens qualitativas*. São Paulo: EPU, 1986.

PACHECO, Cecilia M. Goulart. "Um estudo exploratório de aspectos do processo de produção de textos escritos por crianças de sete anos". *Seminário de pesquisa em educação do Rio de Janeiro*, 1992, Niterói. *Resumos*. Niterói, 1992.

PASSARELLI, Lílian. *Ensinando a escrita: o processual e o lúdico*. 4. ed. rev. São Paulo: Cortez, 2004.

ROCHA, Gladys. "O papel da revisão na apropriação de habilidades textuais pela criança". In: VAL, M. da Graça Costa; Rocha, Gladys. *Reflexões sobre práticas escolares de produção de texto – O sujeito-autor*. Belo Horizonte: Autêntica, 2005, p. 69-83.

TOLCHINSKY, L. "Escritura y conocimiento lingüístico". Disponível em: <www.ub.es/recerca/grerli/publicacions/PonenciaMéxico.pdf>. Acesso em: 2 maio 2007.

Capítulo 6

As relações dialógicas na produção de textos do ensino médio

Lídia Maria Ferreira de Oliveira

Introdução

As discussões em torno do uso da modalidade escrita da língua pelos egressos da educação básica, sobretudo os da escola pública, já viraram lugar-comum. As falas, as perguntas, as respostas, as justificativas que giram em torno do desempenho desses jovens nos quesitos ler, compreender e escrever um texto não trazem, de modo geral, novidades. E, para ratificar esses discursos, temos ainda os resultados dos exames nacionais, que têm sido desanimadores.

O fato é que esses estudantes permanecem um bom tempo nas escolas: entre o ensino fundamental e o ensino médio são 12 anos, sem contar com alguns de educação infantil. Na escola, eles estão mergulhados na modalidade escrita da língua, e não apenas com base nas aulas de Língua Portuguesa, mas em todas as disciplinas, o que os coloca, ou deveria colocar, em contato, em interação com o texto escrito de forma intensa. Qual então o motivo, ou os mo-

166 • Cecilia M. A. Goulart | Victoria Wilson (orgs.)

tivos, de crianças e jovens estudantes da educação básica não se sentirem seguros para produzir seus próprios textos, a ponto de alguns, alfabetizados, é claro, dizerem que "não sabem escrever"? O que efetivamente eles não sabem escrever?

Uma das questões que podemos levantar relaciona-se às noções de "certo" e "errado" no que diz respeito ao tratamento dado ao uso da linguagem na escola, de maneira ampla, e ao uso da língua, em particular, além do próprio descompasso entre as variedades da língua – incluindo-se aqui a variedade culta – e o *ideal* de língua preconizado pela escola e pela sociedade. Se esta língua tende para a fixidez, seu ensino só poderá tender para o certo ou o errado, pois tudo que não estiver de acordo com aquele modelo estará errado. Acontece que tal modelo de língua entra em conflito não só com as variedades dos alunos, mas com qualquer outra variedade, uma vez que a língua preconizada pela escola só existe como objeto idealizado (Bagno *et al.*, 2002; Bagno, 2003), ainda que esteja associada a uma ou outra variedade prestigiada socialmente; trata-se de uma língua abstrata e estática, refratária à dinâmica sócio-histórica da vida real.

O encaminhamento usualmente dado ao estudo de língua nas escolas contraria, por conseguinte, a própria natureza sócio-histórica da linguagem (Bakhtin, 1993), além das consequências para a própria história do desenvolvimento humano. Ora, o desenvolvimento da linguagem humana e do ser humano foi possibilitado pela necessidade de socialização, dando-se, até hoje, nas interações da vida, nas práticas sociais. Logo, se estamos falando de uma língua que não existe, e não existe porque se afirma como única e com pretensões à monovocalidade, o que as crianças e adolescentes realmente não sabem escrever? Não sabem escrever as redações dos vestibulares? Não sabem escrever as redações dos exames nacionais, como as do Exame Nacional do Ensino Médio (Enem), por exemplo? E com base nesses modelos, discutíveis, do bem escrever cabe outra pergunta: será que esses exames e testes promovem, de fato, atividade de produção de textos? Será que avaliam a produção escrita do sujeito? Ou haverá um modelo de estudante inscrito nas propostas de avaliação da escrita que nem sempre corresponde ao estudante real que vai ser avaliado? Será que esses jovens podem mesmo produzir seus textos ou devem seguir uma fórmula para atender a um auditório muito específico? O que esses exames e testes têm revelado e qual tem sido seu retorno para a educação básica? E uma última pergunta: para que se escreve redação na escola? Esta última questão remete a outras que se vinculam à investigação em pauta: o que escrevem os jovens estudantes do ensino médio? Por quê? Como escrevem? Que estratégias discursivas utilizam e por quê?

Esta investigação[1] tem como objetivo compreender aspectos do processo de criação de textos de alunos do terceiro ano do ensino médio, utilizando como material de pesquisa os textos produzidos pelos alunos e suas respectivas reescrituras, em atividade de sala de aula. Interessa-nos entender as reflexões que realizam quando usam a modalidade escrita da língua e as questões que mais os mobilizam.

O contexto da pesquisa

Os textos que compõem o material deste estudo foram elaborados por duas alunas de uma escola pública de ensino médio da rede da Secretaria Estadual de Educação do Rio de Janeiro, localizada no município de Niterói, em um bairro pequeno e razoavelmente bem estruturado no que diz respeito a equipamentos públicos como escolas, creches, postos de saúde, entre outros.

168 • Cecilia M. A. Goulart | Victoria Wilson (orgs.)

A escola funciona em três turnos (manhã, tarde e noite), com mais ou menos mil alunos. Grande parte do corpo discente é de Niterói, mas há também um grupo representativo dos municípios de São Gonçalo e Itaboraí, sobretudo daquele. A escola é equipada com biblioteca, laboratório de ciências e de informática, auditório, sala de vídeo.

As duas alunas, uma de 17 e a outra de 18 anos, estudavam na mesma turma e cursaram todo o ensino médio na mesma escola no período diurno. Nem uma nem a outra fariam os exames vestibulares naquele ano de 2008, mas uma delas tinha planos de, no ano seguinte, frequentar um curso pré-vestibular para posteriormente prestar os exames; a outra falava dessa hipótese como uma perspectiva em médio prazo, como um pretenso projeto de dar continuidade aos estudos, sem maior concretude.

O material utilizado nesta pesquisa é formado por dez textos dissertativos, cinco de cada jovem, havendo para cada um desses textos, pelo menos, uma reescrita, e considerando-se que todos eles foram produzidos com base em três propostas de redação do Enem. Para a elaboração deste estudo, usamos uma produção – reescrita e texto final – de uma única aluna, baseada em uma proposta de redação do Enem de 2005, além da própria proposta.

As condições de produção dos textos

Durante o primeiro semestre de 2008, duas turmas do terceiro ano realizavam as atividades de produção textual na aula voltada para esse fim, com a elaboração de textos curtos, entre cinco e sete linhas[2]. Alguns textos, escolhidos de forma aleatória e com autorização dos alunos, eram transcritos no quadro e, com base neles, eram promovidas leituras e discussões coletivas em torno das diversas questões que surgiam nessas produções, des-

Aprender a escrita, aprender com a escrita • **169**

de a atividade discursiva propriamente dita, que se revelava por meio dos textos, às inadequações relativas ao aspecto formal da redação de textos – este último, sem dúvida, o foco principal dos alunos, mesmo que não fosse o da professora[3]. Os temas das produções, em geral, versavam sobre algum assunto tratado nas aulas de Língua Portuguesa ou Literatura.

No segundo semestre daquele ano, conforme havia sido combinado com as turmas e em função de algumas avaliações pelas quais passariam, porque se encontravam no final do ensino médio – como o Enem, para todos os alunos, e os vestibulares, para alguns deles –, a previsão era de que nas aulas de produção textual as propostas utilizadas seriam as de exames oficiais aplicadas nos anos anteriores. Desse modo, durante o mês de agosto todas as produções de textos foram elaboradas com base em propostas de redação do Enem, exame a que os alunos seriam submetidos no final daquele mesmo mês. Foram utilizadas três propostas, tendo o seguinte desenvolvimento: para duas delas foram redigidos dois textos, um em sala, sem o compromisso da reescrita, e outro em casa, com reescrita; para a terceira proposta, elaborou-se apenas um texto, com reescrita, ou seja, a segunda etapa.

Cabe ressaltar que foi recolhida, com autorização dos alunos, toda a produção desse período, depois das devidas reflexões individuais e coletivas, o que queria dizer aproximadamente 350 textos, sem contar com as reescrituras. Uma primeira seleção levou-nos a separar apenas as produções que tinham reescrituras. Em uma segunda seleção, cujo critério foi separar as dissertações dos alunos que tinham redigido todos os textos (cinco no total), ficamos com sete alunos, restando 35 produções com as respectivas reescrituras. Por fim, foram escolhidos aleatoriamente textos de dois sujeitos para ser analisados (dez textos, mais as reescrituras).

170 • Cecilia M. A. Goulart | Victoria Wilson (orgs.)

As propostas de redação do Enem

As propostas de redação do Enem para a elaboração dos textos pelos alunos vieram dos exames referentes aos anos de 2004, 2005 e 2006, cujos temas eram, respectivamente: "Como garantir a liberdade de informação e evitar abusos nos meios de comunicação?", "O trabalho infantil na realidade brasileira" e "O poder de transformação da leitura". As duas primeiras propostas têm a seguinte configuração: iniciam-se com uma recomendação: "Leia com atenção os seguintes textos". Após os textos apresentados, trazem uma instrução bem objetiva quanto à atividade a ser desenvolvida – "Com base nas ideias presentes nos textos acima, redija uma dissertação sobre o tema" –, dispõem o tema com letras maiores e em negrito e, a seguir, trazem uma orientação: "Ao desenvolver o tema proposto, procure utilizar os conhecimentos adquiridos e as reflexões feitas ao longo de sua formação. Selecione, organize e relacione argumentos, fatos e opiniões para defender seu ponto de vista e suas propostas, sem ferir os direitos humanos". Logo abaixo, apresentam ainda o seguinte texto

Observações:

- *Seu texto deve ser escrito na modalidade padrão da língua portuguesa.*
- *O texto não deve ser escrito em forma de poema (versos) ou narração.*
- *O texto deve ter, no mínimo, 15 (quinze) linhas escritas.*
- *A redação deve ser desenvolvida na folha própria e apresentada a tinta.*
- *O rascunho pode ser feito na última folha deste Caderno.*

A proposta de 2004, cujo tema era "Como garantir a liberdade de informação e evitar abusos nos meios de comunicação?", trazia como elementos para auxiliar a reflexão dos alunos um quadrinho de Caco Galhardo retratando uma família assistindo à televisão na sala, em que o aparelho de TV é, na verdade, uma lata de lixo

Aprender a escrita, aprender com a escrita • **171**

tombada, com o lixo caindo pelo chão e moscas voando em torno dele; um fragmento de um livro do jornalista Eugênio Bucci sobre os programas sensacionalistas do rádio, os programas policiais de final de tarde na televisão e sobre a exploração dos dramas de pessoas humildes; um trecho de um artigo do portal "Ética na TV", que trata da fiscalização da imprensa; um trecho dos objetivos do "Observatório da Imprensa" (com um parágrafo introdutório explicando o que é a entidade, que não faz parte do texto original); e dois incisos do artigo 5.º da Constituição que tratam da liberdade de expressão e da inviolabilidade da intimidade, da vida privada, da honra e da imagem das pessoas.

Na proposta de 2005 o tema era "O trabalho infantil na realidade brasileira" e apresentava um texto verbo-visual intitulado "Trabalho infantil no Brasil", em caixa-alta, e logo abaixo um subtítulo: "Onde estão as crianças trabalhadoras". Trata-se de um mapa do Brasil dividido em regiões, com números percentuais e absolutos indicando a quantidade de crianças trabalhadoras; ao lado do mapa há um retângulo na vertical informando o total de crianças e adolescentes que trabalham no país. Depois do mapa, existem alguns fragmentos de textos: o primeiro de um artigo do procurador Xisto Tiago Medeiros Neto sobre a crueldade do trabalho infantil e dos responsáveis por tal quadro; o seguinte, de Joel Marin, professor da Universidade Federal de Goiás (UFG), que discorre sobre alguns motivos que levam famílias a aceitar que crianças e adolescentes trabalhem; por último, uma transcrição do artigo 4.º do Estatuto da Criança e Adolescente (ECA), que trata das responsabilidades das instituições sociais com as crianças.

A proposta de 2006 não traz a instrução inicial que encontramos nas outras, e sim apenas o título "Proposta de redação", em caixa-alta e em negrito. Há três fragmentos (adaptados) de textos, sendo o primeiro e o terceiro retirados do portal "Amigos do livro": o primeiro deles de um artigo de Inajá Almeida, em que a autora fala sobre a leitura da palavra e a leitura do mundo que nos cerca; o terceiro, sem atribuição de autoria, trata dos universos possíveis nos livros e para quantos deles podemos nos transportar "por uns poucos reais". O segundo é um fragmento de um texto de Moacyr Scliar intitulado "O poder das letras", em que o escritor resume sua história com os livros: apesar da pobreza, os livros não poderiam faltar; e ele entrou para a universidade e tornou-se escritor. A orientação que vem em seguida traz diferenças significativas quando a comparamos com a das propostas anteriores: "Considerando que os textos acima têm caráter apenas motivador, redija um texto dissertativo a respeito do seguinte tema". Quanto ao restante do conteúdo, ela é igual às demais propostas.

Pressupostos teórico-metodológicos

Para que se inicie uma pesquisa que busca compreender aspectos do processo de produção de textos de alunos do terceiro ano do ensino médio, é necessário evidenciar alguns pressupostos teóricos que a embasam. Dois são os pilares que estruturam essa discussão. Em primeiro lugar, cabe destacar a importância dos estudos sobre letramento para a compreensão das diversas realidades encontradas dentro e fora da escola em uma sociedade letrada, altamente industrializada e desigual. Em um país como o nosso, em que o analfabetismo não é mais um problema como há algumas décadas, mas em que o acesso ao mundo da escrita continua negado, as questões trazidas por esses estudos são absolutamente necessárias.

O acesso ao mundo da escrita está ligado a um conjunto de ações que devem ser patrocinadas e disponibilizadas de forma igual pelo

Estado, para todos, e vão desde o reconhecimento, na prática, da pluralidade cultural e linguística de nossa sociedade, à implantação de equipamentos públicos de difusão de bens culturais. Não se trata, portanto, apenas de difusão da cultura escrita impressa, pois a formação de um produtor de textos ou de um leitor não se dá só pelo acesso ao texto escrito. O acesso a todo tipo de bem cultural, a todo tipo de linguagem amplia a possibilidade de interação dos sujeitos com o mundo em sua pluralidade e complexidade.

Ao que parece, a escola vem alfabetizando aqueles que por ela passam. No entanto, de maneira geral, o letrar vem acontecendo de modo incidental, ou seja, vem *munindo* o estudante de uma tecnologia, "o acesso à escrita", em vez de ajudá-lo a construir um saber, "o acesso ao *mundo* da escrita" (Goulart, 2003, p. 97). Uma contribuição relevante para essa discussão é a proposta de Street (1984, *apud* Soares, 1995) sobre dois modelos de letramento, o autônomo e o ideológico, discutidos por Soares (1995 e 2002) e por Kleiman (1995). Para Kleiman (1995, p. 22), no modelo autônomo a escrita não estaria presa ao contexto de sua produção para ser interpretada, sendo o texto um produto completo em si mesmo. Esse seria o modelo que predomina na prática escolar, tendo em vista que na escola o letramento se dá como se fosse um processo neutro, cujo objetivo final é "a capacidade de interpretar e escrever textos abstratos, dos gêneros expositivo e argumentativo, dos quais o protótipo seria o texto tipo ensaio" (Kleiman, 1995, p. 44). Soares (1995, p. 11) dirá que esse modelo é baseado na crença de que o alfabetismo tem, "necessariamente, consequências positivas, apenas positivas":

[...] sendo o uso das habilidades e conhecimentos de leitura e de escrita necessário para se "funcionar" adequadamente na sociedade, participar ativamente dela e realizar-se pessoalmente, o alfabetismo

174 • Cecilia M. A. Goulart | Victoria Wilson (orgs.)

torna-se *o responsável* pelo desenvolvimento cognitivo e econômico, pela mobilidade social, pelo progresso profissional, pela promoção da cidadania. (grifo meu)

Deslocam-se as causas da exclusão social do modo da produção para o indivíduo e promove-se o apagamento dos processos de produção linguística de um grupo, como se o falar deste jeito ou o escrever de outro fosse algo "natural", e não houvesse nenhuma relação com o poder e a luta de classes. Já no modelo ideológico de letramento, a leitura e a escrita não são vistas como "neutras"; antes, como nos diz Soares (1995, p. 11),

> são vistas como um conjunto de práticas socialmente construídas envolvendo o ler e o escrever, configuradas por processos sociais mais amplos, e responsáveis por reforçar ou questionar valores, tradições, padrões de poder no contexto social.

Comentando Street (1984), Soares observa que o que define o letramento são as formas que essas práticas assumem em determinados contextos sociais, e que isso depende das instituições nas quais o letramento está inserto. Ainda para Soares (1995, p. 11), o significado de letramento dependerá inteiramente de como a leitura e a escrita são concebidas e praticadas em determinado contexto social: "o alfabetismo é [...] um conjunto de práticas governadas pela concepção de o *quê*, *como*, *quando* e *por que* ler e escrever". Ou seja, de acordo com as concepções do que seja ler e escrever teremos certo direcionamento não só para a questão ensino-aprendizagem da leitura e escrita, mas também para o próprio ato de ler e escrever.

Kleiman (1995), refletindo sobre as deficiências do sistema educacional na formação de sujeitos plenamente letrados, diz que tais deficiências não decorrem apenas do fato de os professores não serem representantes plenos da cultura letrada nem das falhas nos currículos que não os instrumentalizam para o ensino. Segundo a autora, as falhas são mais profundas, pois são decorrentes dos *próprios pressupostos* que subjazem ao modelo de letramento escolar. Pressupostos esses que estão muito mais voltados para o ensino de uma língua abstrata, que só existe como ideal e na realidade não se ancora em nenhum contexto, nem mesmo o da classe dominante, porque tal língua não admite nenhum tipo de variação ou questionamento, é absolutamente engessada e radicalmente distante das variedades populares, por exemplo.

Kleiman ainda afirma que tal concepção de escrita está em contradição com outros modelos que entendem a sua aquisição como uma "prática discursiva" que "possibilita uma leitura crítica da realidade". Tais considerações aproximam-se do que Moysés (1985, p. 85) declara: "Ser alfabetizado tem sido ser dominado pelo capital linguístico que se foi levado a pensar que se iria dominar". Nesse sentido é que podemos verificar que os estudantes não têm sofrido apenas um processo de aculturação, mas de expropriação de sua própria variedade, pois já não podem falar utilizando-se dela, tendo "sua palavra dominada". Para a autora:

Cada vez mais afastada de seu objeto, a escrita, dividindo e discriminando os homens, pode marcar também os seus iniciados ou aqueles que chegam a ler. Estes devem esquecer-se de que, por raízes históricas, são leitores individuais e coletivos, porque a escola, através da alfabetização, nega essa dupla face do leitor, nega o sentido histórico.

Como então permitir uma história da alfabetização se o que se tem feito através do alfabetizar é justamente esconder e camuflar a história das pessoas, do seu trabalho e de sua produção linguística? (Moysés, 1985, p. 87)

176 • Cecilia M. A. Goulart | Victoria Wilson (orgs.)

Talvez se deva considerar que permitir uma história da alfabetização seja justamente permitir as histórias dos sujeitos leitores e escritores individuais e coletivos. Nesse sentido, entendemos que a perspectiva do modelo ideológico subsidie de modo mais produtivo análises que tenham como objetivo entender os processos de produção de textos, uma vez que estes são indissociáveis dos sujeitos e suas histórias.

O segundo pilar que dá estrutura teórica a este estudo diz respeito a uma tomada de posição no que se refere à concepção de linguagem, tomada essa que tem como consequência determinada concepção de sujeito. O ponto de vista hegemônico sobre a linguagem é aquele que a define como instrumento de comunicação – ainda que, de uns tempos para cá, muitos livros didáticos, por exemplo, tragam uma noção de linguagem como interação. E é necessário que se faça uma reflexão sobre isso. A noção de linguagem como *veículo* de comunicação fundamenta sua instrumentalização, sugerindo uma relação passiva entre os interlocutores. A ênfase está na informação, como se o processo de comunicação fosse apenas uma questão de transmitir informações, e não de construir sentidos. Ao que parece, os sentidos são construídos *a priori* pelo emissor, aquele que controla o processo e os sentidos, cabendo ao receptor apenas apreendê-los.

Tendo como base uma concepção dialógica de comunicação[4], gostaria de refletir sob outra perspectiva, pois entendo que a falácia da linguagem como mero instrumento de transmissão de informações reside no pressuposto de que comunicaríamos exatamente o que pensamos e de que o nosso interlocutor internalizaria exatamente o que falamos; tratar-se-ia, então, apenas de codificar e decodificar informações. Contudo, a comunicação faz parte de um processo mais amplo de constituição do sujeito, sendo ela mesma, também, constitutiva. O fato de ela ser um *ato*, na essên-

Aprender a escrita, aprender com a escrita • **177**

cia, corrobora essa noção de processo. E porque um ato, porque constitutiva, não comunico *tudo* que penso em função de minha própria incompletude, então, o que penso é incompleto, está em constante elaboração; assim como está em constante elaboração a maneira com que meu interlocutor compreende e elabora o que comuniquei. A comunicação não pode ser colocada à parte desse processo de interação especialmente criativo, pois antes e ao longo da comunicação construímos o que vai ser comunicado. Para nos ajudar a refletir um pouco sobre isso, trago algumas palavras de Franchi (1977, p. 19):

> Certamente a linguagem se utiliza como instrumento de comunicação, certamente comunicamos por ela, aos outros, nossas experiências, estabelecemos por ela, com os outros, laços "contratuais" porque interagimos e nos compreendemos, influenciamos os outros com nossas opções relativas ao modo peculiar de ver e sentir o mundo, com decisões consequentes sobre o modo de atuar nele. Mas se queremos imaginar esse comportamento como uma "ação" livre e ativa e criadora, suscetível de pelo menos renovar-se ultrapassando as convenções e as heranças, *processos em crise de quem é agente e não mero receptáculo da cultura*, temos então que apreendê-la nessa relação instável de interioridade e exterioridade, de diálogo e solilóquio: antes de ser para comunicação, a linguagem é para a elaboração; e antes de ser mensagem, a linguagem é construção do pensamento; e antes de ser veículo de sentimentos, ideias, emoções, aspirações, *a linguagem é um processo criador em que organizamos e informamos as nossas experiências*. (grifos meus)

Uma vez que não existe linguagem fora da atividade humana, é impossível pensar na hipótese de linguagem sem atividade, é impossível conjugar linguagem e passividade. A criatividade (a produção) é da natureza humana, assim como o é a sociabilidade. Dessa forma, não é possível ao ser humano não produzir, não é

178 • Cecilia M. A. Goulart | Victoria Wilson (orgs.)

possível produzir fora de um grupo organizado. A sociedade não é uma abstração ou um grupo social ideal; antes, é arena na qual a linguagem verbal, especialmente, situa mulheres e homens e é por eles situada, enredada naquilo que não é verbal. A teoria da enunciação bakhtiniana, que tem o diálogo como seu princípio constitutivo, propõe a análise das produções verbais de sujeitos do discurso segundo aquilo que define como a "real unidade da comunicação discursiva [...] Porque o discurso só pode existir de fato na forma de enunciações concretas de determinados falantes, sujeitos do discurso" (Bakhtin, 2003, p. 274). O sentido de um enunciado não está encerrado apenas naquilo que ele tem de verbal, mas também naquilo que ele tem de extraverbal, que não está materializado na forma linguística do enunciado, mas o compõe. Voloshinov (1976, p. 9) assinala:

> A vida, portanto, não afeta um enunciado de fora, ela penetra e exerce influências num enunciado de dentro, enquanto unidade e comunhão da existência que circunda os falantes, e unidade e comunhão de julgamentos de valor essencialmente sociais, nascendo deste todo sem o qual nenhum enunciado inteligível é possível. A entoação está na fronteira entre a vida e o aspecto verbal do enunciado; ela, por assim dizer, bombeia energia de uma situação da vida para o discurso verbal, ela dá a qualquer coisa linguisticamente estável o seu momento histórico vivo, o seu caráter único. Finalmente, o enunciado reflete a interação do falante, do ouvinte e do herói como o produto e a fixação, no material verbal de um ato de comunicação viva entre eles.

A linguagem é um trabalho (inacabado, inconcluso) realizado pelos sujeitos; trabalho coletivo que pressupõe, vive e se alimenta nas relações sociais; é também, segundo Franchi (1977, p. 19), "uma atividade quase estruturante, mas não necessa-

Aprender a escrita, aprender com a escrita • **179**

riamente estruturada" e "incessantemente criativa". A relação dialógica[5] é imprescindível em qualquer prática, em especial a discursiva, ora pelo consenso, ora pela disputa; é confrontando nossos significados com os significados alheios que construímos conhecimento, e a escola talvez seja o espaço privilegiado para essa relação, uma vez que seu objetivo é produzir e transmitir conhecimento. E é na escola também que nos colocamos para o outro, seja o professor, o aluno, o texto do livro, do jornal, da propaganda etc. Esse outro é a possibilidade que temos de conhecer, pois a "relação alteritária é constitutiva de toda produção de saber" (Amorim, 2000, p. 7).

Análise do material

Acerca da produção de uma dissertação

Antes de iniciar a análise do material de pesquisa, é necessário tecer algumas considerações sobre a produção de um texto dissertativo e sua consequente caracterização, pois esse é o tipo de texto solicitado nas três propostas do Enem utilizadas para a realização das atividades de escritura dos sujeitos desta investigação, sem contar a própria importância dada a essa modalidade textual no interior da escola. Apoiamo-nos para tal no estudo efetivado por Corrêa (2004), cujo objetivo foi o de caracterizar um modo heterogêneo de constituição da escrita, tomando como ponto de observação três eixos de representação da escrita: o da imagem que o escrevente faz da gênese de sua escrita, o da imagem que o escrevente faz do código escrito institucionalizado e o da representação que ele faz da escrita em sua dialogia com o já falado/escrito.

Corrêa aponta que o texto dissertativo é o que na oralidade aparece nas manifestações mais formais, além de ser bastante frequente nos conteúdos de ensino de produção escrita. O destina-

180 • Cecilia M. A. Goulart | Victoria Wilson (orgs.)

tário típico da dissertação é também responsável pela sua própria formalidade: trata-se de um "destinatário difuso, cuja construção se baseia no imaginário sobre as próprias instituições reconhecidas como modelares da escrita" (Corrêa, 2004, p. 22). Assim, a dissertação não busca um destinatário específico, mas uma instituição, ou melhor, o escrevente posiciona-se perante a opinião pública. Mas o que é a opinião pública? Para o autor (2004, p. 22) a própria vagueza do que possa ser opinião pública "talvez explique o trânsito entre a comunhão de ideias suposta na opinião pública e a comunhão de ideias presente no senso comum". Algumas propriedades aparecem de modo mais pronunciado na dissertação, ainda que não lhe sejam exclusivas: maior distanciamento do interlocutor, envolvimento moderado em relação ao assunto e ao futuro leitor, registro mais formal da linguagem, ordenação mais ou menos explícita dos argumentos e antecipação a possíveis objeções. Tais propriedades, nesse tipo de texto, cumprem um papel de efeito de textualidade.

A *análise*

A análise da produção tem como base a proposta de Sobral (2008), que se estrutura nos seguintes passos: descrição, análise e interpretação. Na primeira etapa, apresenta-se o material; na segunda, analisa-se a organização do discurso; na terceira, reúnem-se as duas atividades desenvolvidas com vistas a interpretar as estratégias de produção de sentido e os sentidos produzidos.

O texto descrito foi desenvolvido segundo a proposta de redação do ano de 2005, cujo tema era "O trabalho infantil na realidade brasileira". Como na análise que fizemos há referências diretas à proposta, consideramos mais produtivo trazê-la neste momento do exame do material, juntamente com o rascunho e o texto final

Aprender a escrita, aprender com a escrita • 181

do texto da estudante. Esse exame terá como foco principal a parte do material por nós considerado a melhor fonte de revelação do trabalho do sujeito com a língua: o rascunho.

Figura 1 – Proposta de redação do Enem.

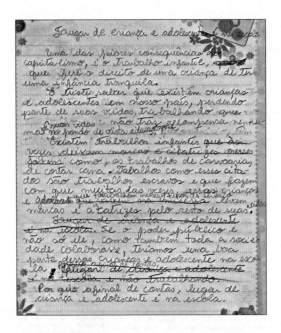

Figura 2 – Primeira versão do texto.

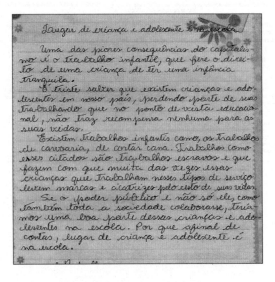

Figura 3 – Versão final do texto.

Aprender a escrita, aprender com a escrita • **183**

Esse texto foi produzido em sala de aula, portanto com tempo e espaço bastante delimitados para sua execução. Foi feito em uma folha com 33 linhas, destacada do caderno da própria escrevente; das 33 linhas, 27 foram utilizadas para a elaboração do rascunho. A primeira versão já traz o título, mantido na versão final: *Lugar de criança e adolescente é na escola*. Está dividido em quatro parágrafos e segue uma orientação geral para o desenvolvimento de uma dissertação: introdução, desenvolvimento e conclusão. O primeiro parágrafo é composto por um período e ocupa quatro linhas; nele há marcas de palavras que foram apagadas, mas é possível recuperar algumas. Há ainda a rasura da palavra *que* com um rabisco, no final da terceira linha, que logo a seguir é reescrita. O segundo parágrafo, formado por um período, é desenvolvido em cinco linhas, todas com marcas de palavras que foram apagadas, havendo na quarta linha trechos vazios, com sombreados de palavras que ocupavam aquele espaço, e na quinta inserções de expressões em posição diagonal, como se depois do enunciado pronto tivesse sido observado faltarem algumas palavras que exprimissem melhor o sentido desejado pela escrevente.

O terceiro parágrafo ocupa oito linhas e desenvolve-se em dois períodos, também há marcas de utilização de borracha. Uma parte do primeiro período, mais ou menos uma linha e meia, foi excluída com um risco, sem nenhuma inserção ou reescrita sobre ela; o texto continua depois disso. No segundo período, mais exatamente na sétima linha do parágrafo, veem-se rasuras de dois tipos: no início da linha há uma palavra escrita sobre outra e, logo a seguir, um risco sobre a parte do que há escrito ali, sobrando apenas uma palavra depois dessa ação. Onde há a rasura feita pelo risco, foi realizada uma inserção para substituir o que foi excluído. A última linha é formada com parte do que fora excluído no primeiro período, ou seja, a escrevente realizou um deslocamento; nesta linha

184 • Cecilia M. A. Goulart | Victoria Wilson (orgs.)

há, ainda, a inserção de uma palavra depois do ponto-final, na verdade completando o sentido do que havia antes, sem a qual a conclusão desse parágrafo ficaria prejudicada.

O quarto parágrafo foi construído em dois períodos, utilizando-se nove linhas, tendo sido toda a primeira e parte da segunda, provisoriamente o primeiro período, riscadas, não para excluir aquele trecho, mas sim para deslocá-lo da posição inicial do parágrafo de conclusão para a posição de conclusão da própria dissertação, pois ele foi reproduzido, com alguma alteração, no final do parágrafo, agora no lugar de segundo período. Na sexta e sétima linhas, encontram-se, novamente, marcas de rasuras: primeiro, há sombras de palavras que foram apagadas, depois um risco sobre o que fora reescrito e uma inserção no início do enunciado que começa na sexta linha. Na verdade, esse trecho nada mais é do que a tentativa de construção do que viria a ser o segundo período do quarto parágrafo, já descrito.

Para entender como o discurso da escrevente se estrutura é necessário voltarmos o olhar não apenas para sua própria produção, mas também para a proposta de redação como um todo, sobretudo para os textos da coletânea dessa proposta e para a orientação bastante objetiva que antecede o anúncio do tema da dissertação. Ainda que depois do tema haja recomendações aos estudantes para utilizar os conhecimentos adquiridos e as reflexões feitas, veremos que a primeira orientação prevaleceu, e a escrevente tomou como base para sua produção o diálogo com as ideias presentes nos textos da coletânea e a defesa de um ponto de vista, esta última uma orientação geral para a produção de textos argumentativos.

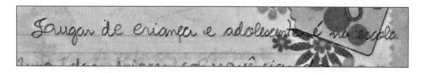

Figura 4 – Título da primeira versão do texto.

O texto se inicia com o título *Lugar de criança e adolescente é na escola*, um enunciado que parece cumprir diversos papéis: revelar seu ponto de vista sobre o tema a ser desenvolvido, qual seja, lugar de criança e adolescente é na escola e não trabalhando; incorporar ao seu texto tanto uma visão do senso comum como uma elaboração da opinião pública que, nesse caso, pode-se dizer que está representada na coletânea presente na proposta, ainda que se considere esse interlocutor, opinião pública, algo difuso. Uma terceira hipótese seria o diálogo direto com alguns fragmentos da própria coletânea que aludem à questão do comprometimento na formação de crianças e adolescentes que têm sua "dignidade roubada diante do desrespeito aos direitos humanos fundamentais", ou são "submetidos aos constrangimentos da miséria e da falta de alternativas de integração social", quando estão trabalhando. Que alternativas são oferecidas às crianças pobres perante um problema como esse? Provavelmente, a escola. Reforçando essa ideia há o subtítulo do infográfico: *Onde estão as crianças trabalhadoras*, mostrando a quantidade de crianças que trabalham por região: a inferência de que 42,2% das crianças do Nordeste, por exemplo, que são as crianças trabalhadoras dessa região, deveriam estar na escola e não trabalhando não é despropositada quando pensamos, diante do problema do trabalho infantil no Brasil, *onde* essas crianças deveriam estar. Mas há ainda outra possibilidade que tem pontos de interseção com as hipóteses anteriores, em especial com esta última: um discurso corrente, que não pertence apenas a este tempo, atestando sua marca de permanência, que define a escola como a responsável pela formação do ser humano, do trabalhador, do cidadão, e ser humano em formação é criança e adolescente, os quais precisam ser preparados tanto para ter "um futuro melhor" como para "o futuro do país". É a escola a provedora de tudo que a criança e o adolescente precisam. Cabe ainda chamar a atenção quanto ao título para a palavra *adolescente*, utilizada pela escrevente no título, e depois no corpo do texto: trata-se de uma menção direta ao texto do infográfico que fala dos "5,438 milhões de crianças e adolescentes entre 5 e 17 anos que trabalham no país". Ela poderia usar a palavra *jovens*, como, aliás, aparece no corpo do texto, posteriormente substituída por *adolescente*, mas não só esse vocábulo foi utilizado em um dos textos da coletânea, como esse mesmo texto delimita a faixa etária até 17 anos, deixando claro sobre quem está falando: de pessoas pertencentes a uma faixa etária que, sem sombra de dúvida, deveria estar frequentando a educação básica.

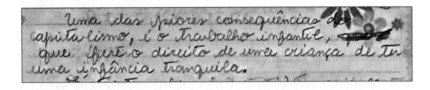

Figura 5 – Primeiro parágrafo, introdução da primeira versão do texto.

A escrevente começa efetivamente o texto anunciando o tema a ser desenvolvido e a tese sobre a qual dissertará: uma das piores consequências do capitalismo é o trabalho infantil que fere o direito a uma infância tranquila. De novo ela dialoga com o material da coletânea: o texto de Xisto Medeiros Neto, que diz que a família e a sociedade se omitem diante desse problema por causa do "individualismo que caracteriza os regimes sociais e políticos do capitalismo contemporâneo"; e o fragmento do ECA sobre a obrigatoriedade da sociedade na garantia da efetivação dos direitos das crianças e adolescentes, o que lhes asseguraria uma infância e adolescência tranquila e feliz. Mas atribuir o desenvolvimento desse primeiro parágrafo apenas a esse diálogo talvez possa tornar superficial esta análise. O trabalho infantil não é apenas *uma das consequências do capitalismo*, mas sim *uma das piores* que esse modo de produção poderia gerar; e por que *umas das piores*? Mais uma vez, podemo-nos remeter ao imaginário social sobre as crianças, em especial. Aqui a escrevente parece articular uma formulação da opinião pública com algo disseminado no senso comum: uma avaliação do modo de produção capitalista, que também se ancora nos conteúdos trabalhados na escola, em especial nas disciplinas de História, Geografia e Literatura; e uma ideia disseminada no senso comum de que as crianças são o que há de mais puro, inocente e belo. Alia-se a isso o fato de o trabalho infantil estar fortemente associado ao trabalho escravo, o que será desenvolvido pela escrevente mais adiante.

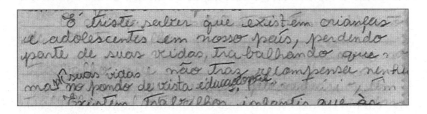

Figura 6 – Segundo parágrafo da primeira versão do texto.

Dando seguimento ao texto, a jovem aluna conecta-o àquilo que foi anunciado na introdução, a meu ver, de modo explícito:

188 • Cecilia M. A. Goulart | Victoria Wilson (orgs.)

as crianças deveriam ser protegidas pelos adultos, o que não está acontecendo, muito pelo contrário, há uma parcela razoável expropriada de seus direitos fundamentais, por isso não podem ter uma vida tranquila, o que é muito triste. Mas o motivo da tristeza não é apenas a impossibilidade de uma infância tranquila, e sim a percepção de que isso não traz nenhum ganho à educação e à formação desse ser humano. Aqui a escrevente não está apenas retomando o parágrafo anterior, mas ela avança quando aponta para a projeção de um tempo que está além da infância e da adolescência. Esse discurso parece se banhar em outro muito conhecido por todos nós, o da preparação das crianças e dos jovens para o futuro, segundo o qual, nessa faixa etária, vive-se "em situação de estágio". Porque não se está preparando para o futuro, o trabalho aqui significa perder parte da vida, uma vez que mais adiante tudo que se vive ali não representará um capital, ao contrário. Quanto a essa visão, pode-se observar a opção da escrevente em não travar um diálogo com um dos textos da coletânea que traz uma discussão em outra linha: a de que o trabalho infantil, para algumas famílias, é a opção para "preservar a integridade moral de seus filhos, incutindo-lhes valores, tais como a dignidade, a honestidade e a honra do trabalhador". Nesse caso, o trabalho é considerado um investimento de outra ordem: a da moral, sobretudo. A hipótese para a linha seguida pela escrevente é que o trabalho segundo tal concepção não é algo muito consistente para ela, pois se trata de uma jovem que vive em um centro urbano onde o trabalho infantil não é regular, ao contrário, é uma discrepância, e este fragmento de texto trata do trabalho infantil na agricultura, o que, em algumas regiões, é, antes de tudo, uma questão cultural.

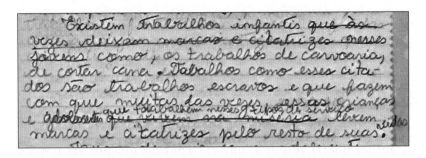

Figura 7 – Terceiro parágrafo da primeira versão do texto.

A construção do segundo parágrafo do desenvolvimento continua a apelar para a mobilização do interlocutor, agora utilizando como estratégia a descrição do tipo de trabalho a que ela está se referindo: aqueles especialmente considerados penosos, a carvoaria e o corte de cana. Algo chama a atenção aí: a partir de um trecho da primeira linha ela escrevia *que às vezes deixam marcas e cicatrizes nesses jovens*, o qual foi riscado desse ponto e deslocado, com modificações, para o final do parágrafo. A expressão *às vezes* desapareceu nessa nova formulação, ou seja, trabalho infantil deixa cicatrizes sempre. A autora ainda realiza uma retificação, que, na verdade, trata-se de uma correção no plano discursivo: troca *jovens* por *crianças e adolescentes*. Mais uma vez observamos a expansão de seu diálogo para além dos textos da coletânea, já que nesta não há menção direta sobre o tipo de trabalho realizado pelas crianças e adolescentes, e podemos seguir duas hipóteses: 1) de vez em quando, aparecem nos noticiários denúncias de locais de trabalho infantil, principalmente em carvoarias, inclusive com fotos e imagens de crianças enegrecidas por causa da fuligem dos fornos, imagens essas impactantes e, por isso, difíceis de esquecer; 2) semanas antes à da realização da atividade foi lido e discutido um texto em sala de aula sobre o mesmo assunto, e provavelmente foram citados esses tipos de trabalho. Volto a chamar a atenção para o deslocamento realizado nesse parágrafo: tal ação atinge com sucesso o que parece ser seu objetivo, qual seja, o de reforçar a ideia de que o trabalho, sobretudo o penoso, deixa cicatrizes eternas, levando seu interlocutor a prestar atenção naquilo que a autora queria ressaltar, que era considerado por ela o mais importante desse parágrafo, o trabalho penoso e as cicatrizes. Essa hipótese ganha reforço quando se observa que na penúltima linha ela troca a expressão *que vivem na miséria* por *que trabalham nesses tipos de serviços*. A questão aqui não é se a miséria é melhor ou pior, ou se ela é ou não a causa do tipo de trabalho realizado pelas crianças, mas tem que ver com o que a escrevente quer destacar.

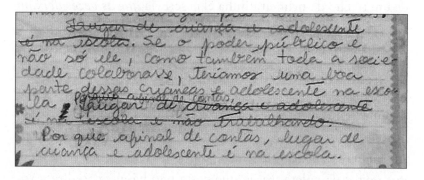

Figura 8 – Quarto parágrafo, conclusão da primeira versão do texto.

A luz que ela joga sobre o trabalho realizado pelas crianças potencializa-se quando chegamos ao parágrafo de conclusão: essas crianças e adolescentes precisam ser protegidos em função do que foi revelado, em especial, no parágrafo anterior. E onde elas podem ser cuidadas, protegidas, preparar-se para ter

Aprender a escrita, aprender com a escrita • **191**

um futuro melhor, ser tratadas com dignidade? Na escola. A aluna inicia a conclusão repetindo o título: *lugar de criança e adolescente é na escola*, mas esse enunciado não permanece aí, é deslocado para o final do parágrafo. Reinicia a conclusão conclamando o poder público e toda a sociedade a colaborar para que, pelo menos, boa parte das crianças e adolescentes trabalhadores possa ir para a escola. Aqui, novamente ela trava um diálogo com textos da coletânea que fazem referência às responsabilidades do poder público e da sociedade. O diálogo é, também, com o senso comum e com a própria opinião pública, dado que tanto uma instância como a outra disseminam a ideia de que é função da escola cuidar de modo integral das crianças e adolescentes: com relação às crianças, cabe educá--las, socializá-las, alimentá-las, entre outras obrigações; sobre os adolescentes, é necessário que a escola dê-lhes lição de cidadania, de solidariedade, de responsabilidade, que os prepare para o mundo adulto preocupando-se com sua educação sexual, com seus dilemas, que os prepare para o mundo do trabalho. Pensando assim, não se trata apenas de cuidar dessas crianças e adolescentes, mas de salvá-los dessa que é uma das piores consequências do capitalismo. Aí, sim, ela conclui com a seguinte declaração: *Porque afinal de contas, lugar de criança e adolescente é na escola*, o que confirma o pressuposto inicial do ponto de vista defendido pela escrevente quando da análise do título de seu texto, além dos diálogos por ela travados com várias esferas discursivas: os organizadores da proposta de redação, os avaliadores de seu texto, os autores do material da coletânea, a opinião pública, o senso comum, a própria escola, entre tantas outras por onde circulam vários discursos sobre infância, trabalho infantil, escola.

Conclusão: a produção do texto, sua análise e os caminhos possíveis

Uma análise pouco aprofundada do texto poderia levar à equivocada conclusão de ser um amontoado de frases feitas ou uma folha cheia de lugares-comuns. A começar pelo seu título, um leitor incauto pode se perder nesse tipo de leitura, e não atentar para o fato de que se trata de um real posicionamento da escrevente, dentro das condições em que ela se encontrava naquele momento. Talvez essa seja uma chave importante para que possamos compreender o que as crianças, adolescentes, jovens e adultos têm a dizer sobre aquilo que são, de alguma maneira, instados a escrever. Em que condições, imediatas e mediatas, o fazem.

Os diálogos travados pela escrevente mostram que ela não está representando por intermédio da escrita o seu pensamento; ao contrário, ela utiliza a escrita para, de um modo particular, enunciar (Corrêa, 1997). Aparentemente, seu grande interlocutor pode ser identificado tanto pela banca de correção da redação como pela professora que propôs o exercício, importantes palavras de autoridade; no entanto, no decorrer da análise, percebem-se outros diálogos emergindo em seu texto, confirmando sua produção como uma resposta ativa a enunciados anteriores e posteriores ao seu, considerando-se concordâncias, discordâncias, reproduções e produções que evidenciam seu ponto de vista sobre o assunto em pauta. Ela não repete lugares-comuns, mas adere a esses discursos, mesmo que se observe o tom pouco crítico de sua discussão, e isso fica comprovado pelo esforço que faz em construir seu texto, como pode ser notado em sua primeira versão.

A análise do processo revela tanto a produção quanto a reprodução: a produção dos sentidos que só essa escrevente, e mais ninguém, poderia produzir: por exemplo, crianças e adolescentes

Aprender a escrita, aprender com a escrita • **193**

executando trabalhos penosos era considerado por ela algo tão grave a ponto de declarar que deixavam cicatrizes que jamais desapareceriam; por outro lado, seu texto reproduz a ideia de que a sociedade não só é responsável como também culpada por essa mazela, sem realmente identificar as raízes da desigualdade social. O trabalho do sujeito com a linguagem se expõe com base na própria relação com o outro; seu texto, mais que trazer à tona o seu querer dizer, revela o esforço que faz para se fazer compreender pelo outro. Mostra que esse sujeito tem consciência de que não basta que ele se posicione sobre determinado assunto. Mais que isso, é preciso que seu posicionamento seja compreendido pelo outro. É evidente sua noção de que as palavras não têm significados fixos, ao contrário, e isso fica patente pelas formulações e reformulações feitas em seu texto antes de chegar ao produto final.

Outro aspecto a ser ressaltado é a maneira com que a oralidade se presentifica na produção: não se trata de um discurso oral sendo transcrito; ela compõe o texto junto com a escrita, sendo, inclusive, em alguns momentos, incorporada dentro da própria lógica de um texto dissertativo marcadamente escrito, como o uso de exemplos que fortalecem seus argumentos. Compreender essa relação no texto é compreender que a articulação oralidade/escrita é, também, responsável pela produção de sentidos desse texto e pela própria realização de sua discursividade, já que "individualiza um conjunto de relações significativas" (Leal, 2003, p. 62).

A análise do texto possibilitou uma forma de compreensão que vai além da leitura que se propõe a entender o que sua autora quis dizer. Revelou o que ela disse e como o fez, além dos possíveis interlocutores com os quais dialoga e o quadro de referências que sustenta tanto sua tese quanto seus argumentos. Uma leitura que se propõe a compreender as relações que o escrevente trava com seu possível interlocutor possibilita indicar os caminhos que um

194 • Cecilia M. A. Goulart | Victoria Wilson (orgs.)

trabalho pedagógico pode tomar se tem como objetivo ampliar as possibilidades de interação dos jovens estudantes. Corrêa (2004, p. 297) declara que "reintroduzir, no ensino de língua portuguesa, uma visão linguística sobre a escrita significa trazer de volta a questão das variações e da heterogeneidade que constituem a língua". A concordância com o autor se dá porque considero esse um dos principais pontos revelados pela análise realizada aqui.

Notas

1 Pesquisa vinculada ao projeto *Uma abordagem discursiva do processo de alfabetização*, coordenado pela professora doutora Cecilia M. A. Goulart, com o apoio do CNPq, na Universidade Federal Fluminense (UFF), Programa de Pós-Graduação em Educação.

2 O tamanho dos textos nada tinha que ver com complexidade – textos mais ou menos complexos em função do tamanho. As dimensões dos textos produzidos no primeiro semestre justificavam-se pela necessidade de que fosse possível: a) que a professora regente conseguisse dar conta de ler as produções semanais dos alunos; b) que os alunos tivessem oportunidade de discutir seus textos com os colegas e com a professora durante as aulas; c) transcrever no quadro os textos na íntegra para as análises coletivas.

3 A autora deste artigo era a professora de Português das turmas envolvidas nas atividades de produção de textos.

4 "Segundo esse modelo, a interação verbal é uma ação coletiva envolvendo atores sociais, 'cujo produto final (ou seja, o texto, ou o evento de fala resultante) é qualitativamente diferente da soma de suas partes (ou seja, enunciados individuais de falantes individuais)'." (Signorini, 1995, p. 175)

5 Faraco (2003, p. 60), discorrendo sobre o conceito bakhtiniano de *diálogo*, adjetiva-o como palavra "mal-dita", dado o esvaziamento do consequente *abuso do uso* que ele vem tendo nos estudos da linguagem. Chama a atenção de que *diálogo* é a possibilidade de "entrecruzamento das múltiplas verdades sociais", e "confrontação das mais diferentes refrações sociais expressas em enunciados de qualquer tipo e tamanhos postos em relação".

Referências bibliográficas

AMORIM, Marília. *Alteridade e formas de saber.* III Conferência de pesquisa sociocultural. Campinas: Unicamp, 2000.

BAGNO, Marcos. *A norma oculta: língua e poder na sociedade brasileira.* São Paulo: Parábola, 2003.

BAGNO, Marcos; STUBBS, Michael; GAGNÉ, Gilles. N. *Língua materna: letramento, variação e ensino.* São Paulo: Parábola, 2002.

BAKHTIN, Mikhail. "Que es el lengage?" In: SILVESTRI, Ariana; BLANCK, Guilherme *Bajtín y Vigotski: lá organización semiótica de la consciencia.* Barcelona: Anthropos , 1993, p. 217-43.

_____. *Estética da criação verbal.* Tradução Paulo Bezerra. 4. ed. São Paulo: Martins Fontes, 2003.

CORRÊA, Manoel L. G. *O modo heterogêneo de constituição da escrita.* 1997. Tese (Doutorado em Linguística Aplicada). Instituto de Ensino da Linguagem (IEL) da Universidade Estadual de Campinas (Unicamp), Campinas, 1997.

_____. *O modo heterogêneo de constituição da escrita.* São Paulo: Martins Fontes, 2004.

FARACO, Carlos A. *Linguagem e diálogo: as ideias linguísticas do Círculo de Bakhtin.* Curitiba: Criar Edições, 2003.

FRANCHI, Carlos. "Linguagem – Atividade constitutiva". In: *Almanaque 5 – Cadernos de literatura e ensaio.* São Paulo: Brasiliense, 1977, p. 9-27.

GOULART, Cecilia M. A. "Uma abordagem bakhtiniana da noção de letramento: contribuições para pesquisa e para a prática pedagógica". In: FREITAS, M. Teresa; SOUZA, Solange J.; KRAMER, Sônia. *Ciências Humanas e pesquisa: leitura de Mikhail Bakhtin.* São Paulo: Cortez, 2003, p. 95-112.

KLEIMAN, Ângela B. (Org.). *Os significados do letramento.* São Paulo: Mercado de Letras, 1995.

196 • Cecilia M. A. Goulart | Victoria Wilson (orgs.)

LEAL, Leiva de F. V. "A formação do produtor de texto escrito na escola: uma análise das relações entre processos interlocutivos e processos de ensino". In: VAL, M. das Graças Costa. *Reflexões sobre práticas escolares de produção de texto – O sujeito-autor*. Belo Horizonte: Autêntica/Ceale/FaE/UFMG, 2003, p. 53-83.

MOYSÉS, Sarita A. "Alfabetização: estratégia do código ou confronto da história?" *Educação e Sociedade*, São Paulo, 22, p. 84-93, set./dez., 1985.

SIGNORINI, Inês. "Letramento e (in) flexibilidade comunicativa". In: KLEIMAN, Ângela B. (org.). *Os significados do letramento*. São Paulo: Mercado de Letras, 1995, p. 161-99.

SOARES, Magda. *Letramento: um tema em três gêneros*. Belo Horizonte: Autêntica/Ceale, 2002.

_____. "Língua escrita, sociedade e cultura: relações, dimensões e perspectivas". *Revista Brasileira de Educação*, n. 0, set./out./nov./dez., p. 5-16, 1995.

SOBRAL, Adail. "As relações entre texto, discurso e gênero: uma análise ilustrativa". In: *Revista Intercâmbio*, v. XVII, p. 1-14, São Paulo: Lael/PUC-SP, 2008.

VOLOSHINOV, V. N. *Discurso na vida e discurso na arte*: sobre a poética sociológica. Tradução para o português de Cristovão Tezza e Carlos Alberto Faraco, para fins didáticos, com base na tradução em inglês de I. R. Titunic: VOLOSHINOV, V. N. "Discourse in life and discourse in art (concerning sociological poetics)". In: *Freudism*, Nova York: Academic Press, 1976.

Capítulo 7

Linguagem escrita de adultos: análise de avaliação e atividades didáticas

Inez Helena Muniz Garcia

Marta Lima de Souza

Introdução

Os processos de aprendizagem da linguagem escrita envolvem amplos aspectos políticos, sociais, culturais e históricos que determinam fatores complexos a considerar quando se reflete acerca da Educação de Jovens e Adultos (EJA). Nos estudos que desenvolvemos sobre alfabetização e letramento (Goulart, 2005; Souza, 2003; Garcia, 2004), a linguagem ocupa um lugar de destaque na construção da subjetividade dos sujeitos histórico-sociais e, em consequência, nos modos como eles organizam politicamente suas vidas. A linguagem, em sentido abrangente, tanto pode afirmar os sujeitos e suas histórias quanto pode negá-los.

198 • Cecilia M. A. Goulart | Victoria Wilson (orgs.)

Fundamentadas na teoria da enunciação de Bakhtin, apresentamos a análise de nosso material de estudo e investigamos aspectos da aprendizagem da linguagem escrita na EJA, no processo de alfabetização/escolarização, buscando compreender suas enunciações, na ótica sociocultural, pela qual a linguagem é um produto da atividade humana (Bakhtin, 2000), mas também uma "prática social, historicamente produzida e contextualizada" (Smolka, 2000, p. 52). Assim, visamos entender como "se configuram e se instauram, no e pelo discurso, sujeitos e objetos de conhecimento e como se produzem, articulam e circulam sentidos na dinâmica da interlocução" (Smolka, 2000, p. 50). Nossas questões iniciais são: como jovens e adultos aprendem a escrever? Que aspectos do processo de quem aprende a escrever encontramos em produções escritas? Que problemas enfrentam? Quando? Como? Por quê? Com que objetivo? A partir da análise, que implicações podemos extrair para o ensino e a aprendizagem da língua?

Destacamos que a produção de pesquisa sobre como os jovens e adultos aprendem a linguagem escrita, ainda inexpressiva, configura a ausência de um arcabouço teórico-metodológico próprio ao campo da EJA. Dessa maneira, os referenciais utilizados na área, ainda que se reconheça a especificidade desse público-alvo, têm sido aqueles oriundos de estudos com crianças.

Temos como propósito contribuir para uma compreensão sistemática sobre o ensino e a aprendizagem da linguagem escrita para jovens e adultos, bem como para os referenciais teóricos que sustentam as políticas públicas da educação básica na alfabetização em EJA.

Inicialmente, apresentamos o contexto de produção do material de estudo, o material propriamente dito e, em seguida, os procedimentos teórico-metodológicos que orientam o estudo e suas consequências. No terceiro momento, nosso intuito é compreender

Aprender a escrita, aprender com a escrita • 199

o que o material nos diz sobre os educandos e seus conhecimentos, a fim de responder às questões iniciais. A partir daí, discutimos algumas implicações de programas de alfabetização para o ensino e a aprendizagem da linguagem escrita de jovens e adultos, procurando revelar como a língua trabalhada na escola se aproxima ou se distancia da linguagem concreta, ou seja, como o conhecimento e as experiências de vida desse grupo são tratados no material analisado.

Ao final, apoiadas na análise realizada, refletimos acerca de alguns aspectos fundamentais do processo de aprendizagem da linguagem escrita, assim como da importância de considerá-los na elaboração de políticas públicas voltadas para a escolarização de jovens e adultos, na perspectiva do direito político que possuem e das histórias que vêm construindo ao longo da vida.

Contexto e material de estudo

Os instrumentais, tal como eles estão hoje, eu acredito que são... um tanto cartesianos demais, muito positivistas demais, impedem que aquelas situações que realmente importam ao processo de aprendizagem, que realmente façam com que esse processo seja vivo, seja dinâmico, seja uma coisa orgânica, elas não são registradas, elas não são contempladas. Então no final você tem um monte de papel pra preencher e não tem muito utilidade. (Supervisora setorial de Currais Novos, RN, 2006)

O contexto de nosso estudo é a ação do Programa Brasil Alfabetizado[1] em parceria com o governo do estado do Rio Grande do Norte e a Fundação Banco do Brasil, por meio do desenvolvimento do Programa Lendo e Aprendendo, de alfabetização de jovens e adultos em Mina Brejuí, zona rural de Currais Novos, no período de cinco a oito meses de curso. O desenvolvimento da proposta pedagógica contava com recursos financeiros dos governos federal

200 • Cecilia M. A. Goulart | Victoria Wilson (orgs.)

e estadual, sendo a implementação e a formação do alfabetizador realizadas pelo Programa BB Educar.

Uma das atividades do Lendo e Aprendendo consistia em avaliar se os educandos apresentavam os conteúdos essenciais da alfabetização, tendo como base a matriz do Centro de Alfabetização e Leitura (Ceale)[2]. Desse modo, aplicavam-se dois instrumentos de avaliação: um diagnóstico inicial, logo no começo do processo, e outro final, no último mês do processo, os quais tinham como objetivo verificar o nível de conhecimento dos participantes em oralidade, leitura, escrita, interpretação e matematização. O material de estudo, composto por esses diagnósticos e também por duas atividades realizadas em sala de aula, foi coletado no período de março a agosto de 2006.

Em relação aos sujeitos, 12 participaram de ao menos uma das duas fases dos diagnósticos. A maioria deles era de trabalhadores da mina de xelita[3], inclusive o alfabetizador da turma. A faixa etária do grupo variava entre 34 e 54 anos.

Para a aplicação dos diagnósticos, realizava-se uma capacitação das supervisoras que, em geral, trabalhavam em duplas e possuíam formação em Pedagogia. A capacitação incluía orientação para as correções e para o preenchimento de planilhas com os resultados por turma. Quanto à composição dos instrumentos de avaliação, as questões foram elaboradas tendo como base o processo final da etapa de alfabetização, considerando o que o jovem e o adulto precisam dominar sobre os conteúdos essenciais para ler, escrever e realizar algumas operações matemáticas com autonomia. As questões possuíam, entretanto, o mesmo nível de complexidade, tanto no diagnóstico inicial quanto no final[4]. Na véspera da aplicação dos diagnósticos, os educandos eram avisados de que haveria uma atividade muito importante na sala de aula, para que soubessem que suas presenças eram fundamentais.

Aprender a escrita, aprender com a escrita • **201**

No dia da aplicação[5], de fato, eram convidados a realizar o "exercício", visando, eufemisticamente, à não caracterização de uma prova. Permitia-se a permanência do alfabetizador da turma na sala no momento da realização dos diagnósticos[6], desde que não interferisse no processo.

Para fins de nosso estudo, foram selecionados sete sujeitos (cinco mulheres e dois homens) entre os 12, considerando o critério da participação em ambas as fases dos diagnósticos, para que fosse possível observar aspectos dos processos de aprendizagem da linguagem escrita ao longo do período de desenvolvimento do programa. Analisamos também duas atividades desenvolvidas em sala de aula que foram contrapostas aos diagnósticos, buscando observar em que medida suas propostas se aproximavam ou se distanciavam dos diagnósticos. Para a seleção dessas atividades, levamos em conta o fato de elas haverem sido realizadas pelos sete educandos. Portanto, o material de análise constituiu-se de 14 diagnósticos, sete iniciais e sete finais, e de 14 atividades, sendo duas de cada educando. Devido à diversidade de questões existentes nos diagnósticos e aos seus objetivos diferenciados relativos aos conteúdos de oralidade, leitura, escrita, interpretação e matematização, efetuamos um novo recorte, focalizando as questões referentes à produção de texto e à interpretação, por sua maior acessibilidade no material coletado e pela maior proximidade aos objetivos do estudo.

Julgamos necessário explicitar algumas observações quanto ao material de estudo. Considerando o interesse em compreender aspectos do processo de aprendizagem da linguagem escrita de jovens e adultos, os instrumentos de avaliação e as atividades de sala de aula em si não serão objeto de análise. Cabe destacar, entretanto, como será detalhado nos procedimentos teórico-metodológicos, que o modo de olhar os dados acarreta uma forma diferenciada de

202 • Cecilia M. A. Goulart | Victoria Wilson (orgs.)

avaliá-los em relação à perspectiva hegemônica presente em testes e exercícios quanto à visão de "acerto" e "erro", "déficit" e "ausência" no processo de aprendizagem da linguagem escrita. A fala da supervisora setorial de Currais Novos, em epígrafe neste tópico, vai ao encontro da perspectiva que notamos no material de estudo: instrumentos que se configuram "cartesianos demais, positivistas demais, impedem que aquelas situações que realmente importam ao processo de aprendizagem, vivo, dinâmico, uma coisa orgânica, não são registrados, não são contemplados". Portanto, em busca desse processo de aprendizagem vivo, dinâmico e orgânico, apresentamos o referencial teórico-metodológico que nos auxiliou a olhar o material e analisá-lo deste outro viés.

Procedimentos teórico-metodológicos: investigando a aprendizagem da linguagem escrita na EJA

Compreendemos que investigar aspectos da aprendizagem da linguagem escrita na EJA envolve a definição de opções teórico-metodológicas nas quais o referencial teórico alia-se a um modo de pesquisar; isto é, em que o teorizar manifesta-se também na forma de olhar o material de estudo e de analisá-lo, considerando que a forma de aproximação do objeto acarreta a perspectiva do pesquisador (Smolka, 2000), ou seja, a maneira de ele olhar os contornos daquilo que pretende investigar, dando-lhes voz.

As práticas sociais de escrita de jovens e adultos são condicionadas pelos contextos específicos em que são produzidas logo, investigá-las resulta em olhar o heterogêneo, o singular, o diferente, sem perder o semelhante, o comum, o coletivo. Ocasiona ainda reconhecer que, mesmo dentro de um "grupo" denominado Educação de Jovens e Adultos, tais práticas são diferenciadas porque forjadas em ações sociais com intenções diversas que remetem à

Aprender a escrita, aprender com a escrita • **203**

singularidade de cada um nesse segmento, compreendendo que a realidade é muito mais complexa. Investigar a singularidade não significa excluir o aspecto sócio-histórico nem ignorar a existência de elementos comuns à vida humana. O referencial teórico-metodológico compatível com o estudo em tela centra-se nos estudos de Bakhtin (2000), principalmente na sua visão de linguagem, segundo a qual o homem não pode ser compreendido fora do texto, pois todo ato humano é um texto potencial que deve ser entendido no contexto dialógico de seu tempo e espaço. Mas de que texto Bakhtin nos fala? Do texto na qualidade de enunciado, na situação de produção social, na atividade humana, em que há projeto de discurso, há o querer dizer do autor e um modo de realizá-lo, em dadas condições, por meio de escolhas de gêneros e na relação com outros participantes do diálogo. Esse texto, em que o sujeito exprime ideias e sentimentos, está além da atividade linguística, está na vida; dizendo de outra forma, ele não pertence à unidade do sistema da língua. Nas palavras de Rodrigues (2005, p. 158):

> O texto é visto como enunciado que tem uma função ideológica particular, autor e destinatário mantêm relações dialógicas com outros textos (textos-enunciados) etc., isto é, tem as mesmas características do enunciado, pois é concebido como tal.

Se o texto na qualidade de enunciado mantém relações dialógicas com outros textos, como o teórico russo define a língua? Para Bakhtin (2005), há distinção entre língua e discurso: a primeira é o objeto da linguística, obtido mediante uma abstração legítima e necessária de alguns aspectos da vida concreta do discurso; já o segundo é a língua em sua integridade concreta e viva. A língua, nos aspectos lexical, fraseológico e gramatical, só existe no sistema da língua e a língua viva materializa-se nos enunciados plenos da co-

204 • Cecilia M. A. Goulart | Victoria Wilson (orgs.)

municação discursiva. Os muitos campos da atividade humana relacionam-se ao uso da linguagem que, apesar de seu caráter e de suas formas diversificadas, não contradiz a unidade da língua materna. Dessas perspectivas, destacamos dois aspectos: o primeiro, o uso da linguagem, com suas características e formas variadas relacionadas à ideologia do cotidiano e aos sistemas ideológicos (ciência, literatura, religião etc.), não exclui a unidade da língua porque a língua só se realiza no enunciado pleno, o que nos leva ao segundo aspecto: esse uso está para além dessa unidade linguística. Empregamos a língua por meio de formas de enunciados (orais e escritos) que se vinculam ao conteúdo temático, ao estilo (seleção dos recursos lexicais, fraseológicos e gramaticais) e à construção composicional, ligadas indissoluvelmente ao todo do enunciado e determinadas pela especificidade do campo da comunicação discursiva.

Em cada campo de utilização da língua, há *tipos relativamente estáveis* de enunciados denominados gêneros do discurso. São *tipos* porque possuem uma tipificação social, certo acabamento (que não é taxionômico nem classificatório, mas constitutivo dos enunciados presentes na atividade humana em situação relativamente estável, que é reconhecida pelos falantes, viabilizando a comunicação discursiva entre os sujeitos da língua). Todavia, *relativamente estáveis* porque vinculados às mudanças históricas que influem nessas constituições. Os gêneros, contudo, são extremamente heterogêneos, por serem oriundos dos diferentes campos da atividade humana, já que:

> [...] são inesgotáveis as possibilidades da multiforme atividade humana e porque em cada campo dessa atividade é integral o repertório de gêneros do discurso, que cresce e se diferencia à medida que se desenvolve e se complexifica um determinado campo. (Bakhtin, 2003, p. 262)

Se são inesgotáveis as possibilidades da atividade humana, seus enunciados e gêneros do discurso, como podemos contribuir para a reflexão sobre o processo de ensino e aprendizagem da linguagem escrita para a EJA se tais produções são analisadas em um padrão predeterminado, em que o diferente constitui-se em "erro" e o semelhante em "acerto"? Nessa perspectiva, o "erro" é sempre revelador de um não saber, de desconhecimento, de negatividade; ao contrário do "acerto", que se relaciona ao "saber", ao "verdadeiro" e "positivo". Essas concepções de "erro" e "acerto" são dicotômicas, excludentes e limitadoras, enfim, impeditivas de um diálogo com as produções escritas dos educandos, à medida que tornam homogênea a realidade e ignoram a complexidade dos campos em que se organizam as atividades humanas.

Desse outro viés que estamos defendendo para a leitura, análise e avaliação das produções escritas de jovens e adultos, o "erro" assume outra dimensão, uma dimensão que nos dá pistas de como o educando está se apropriando da linguagem escrita, dos saberes que entram nesse processo, das lógicas que estão presentes, das relações eu-outro, enfim, das intrassubjetividades e intersubjetividades que se encontram em ação no texto. Nessa ótica, o "erro" torna-se um indício (Ginzburg, 2002) do processo de aprendizagem da linguagem escrita, revelando o trajeto do educando, por intermédio do qual se pretende compreender aspectos da aprendizagem da linguagem escrita de jovens e adultos, que, conforme Abaurre (2001), são marcas inequívocas de um sujeito da e na linguagem.

A opção pelo ensino da linguagem escrita com base em textos alia-se à concepção de ensino e aprendizagem que se integra à visão de língua bakhtiniana em que:

> [...] a língua materna, seu vocabulário e sua estrutura gramatical, não as conhecemos por meio dos dicionários ou manuais de gramá-

206 • Cecilia M. A. Goulart | Victoria Wilson (orgs.)

tica, mas sim graças aos enunciados concretos que ouvimos e reproduzimos na comunicação discursiva efetiva com as pessoas que nos rodeiam. (Bakhtin, 2000, p. 268)

Aprendemos a língua materna na vida, nas nossas relações concretas, nas interações entre o eu e o outro, e os muitos outros, em contextos específicos de produção, produzida por e produtora de homens e mulheres reais, pois, segundo Bakhtin (2000, p. 265), "a língua passa a integrar a vida através de enunciados concretos (que a realizam); é igualmente através de enunciados concretos que a vida entra na língua". A linguagem origina-se de homens e mulheres concretos e a eles se destina, os enunciados trazem em si uma resposta em potencial. Dessa forma, a concepção de "erro" não se sustenta, visto que não cometemos "erro" na língua materna. Apoiamo-nos nas reflexões de Geraldi (2006, p. 15), que compreende o texto tomando como referencial os estudos de Bakhtin, e portanto não o considera um produto da aplicação de um conjunto de regras, mas a "materialização linguística de um discurso que 'sustenta' sentidos possíveis e aparentemente impossíveis". Isso porque no texto encontram-se outros discursos com os quais o texto se relaciona, aproxima-se ou distancia-se. No texto encontram-se também, em uma perspectiva interdiscursiva, as contrapalavras que produzem instabilidades, as quais o discurso gostaria de evitar, mas não consegue porque os sentidos afastados/distanciados também estão presentes nesse movimento entre a estabilidade e a instabilidade dos sentidos.

Geraldi (2006, p. 16) salienta que é "o texto o melhor lugar de expressão da dialética entre a estabilidade e a instabilidade da língua", tendo em vista que nele emergem a subjetividade, as visões ideológicas e os conflitos sociais e políticos na produção de

Aprender a escrita, aprender com a escrita • **207**

enunciados vivenciada pelo autor. Isto é, nas produções escritas, seus autores não estão sozinhos, pois seus enunciados vêm carregados de outras vozes, do auditório social em que se encontram, de valores, de cosmovisões, de tensões presentes no cotidiano. É nessa direção que Geraldi (2006, p. 22) afirma que:

[...] o processo de fixação de valores demanda o convívio com discursos cujas materializações se dão nos textos; os valores e as concepções circulam através de textos e, sem eles, a escola não cumpriria uma de suas funções mais sofisticadas: a reprodução de valores com que compreender o mundo, os homens e suas ações. De um lado o texto traz o perigo da instabilidade; de outro lado, o texto é um lugar privilegiado para construir estabilidades sociais. Não há escapatória: no ensino da língua materna, o texto há que estar presente.

Nem a estabilidade relativa do gênero dá conta de garantir ou oferecer um caminho de produção, porque outros aspectos participam dessa cena, tais como: o querer dizer do enunciador em relação com seus interlocutores e sua intenção, seu estilo próprio de dizer e as escolhas que faz entre as estratégias disponíveis para dizer (Geraldi, 2006). Em síntese, ensinar e aprender a linguagem escrita é possibilitar ao educando desenvolver "sua forma de captar o simbólico social nos textos (e aí está incluído o sistema da escrita), a partir de sua subjetividade, com a sua marca, a sua assinatura" (Goulart, 2003, p. 106).

Esses dois movimentos presentes no texto, compreendidos por Geraldi (2006) como "estabilidades e instabilidades", e por Goulart (2003) como "forma de captar o simbólico social", são observados por Corrêa (2004) como marcas de flutuações do enunciador que permitem apreender a relação que mantém com a linguagem, com as mediações que o colocam diante de si mesmo, diante do seu

208 • Cecilia M. A. Goulart | Victoria Wilson (orgs.)

interlocutor e do código que representa como institucionalmente adequado à ocasião. Ao lidar com essas flutuações de variedade, registro, gênero, alçamentos e ultrapassagens, o enunciador visa resolver problemas que surgem no decorrer da elaboração do texto, o que o leva a uma representação exacerbada do que seria o padrão linguístico próprio a quem escreve e acaba por produzir um transbordamento da forma estereotipada.

É nessa perspectiva que vislumbramos possibilidades de encontros, a partir da reflexão sobre a aprendizagem da linguagem escrita por jovens e adultos, tendo o desafio de ensinar e aprender a redigir a partir do texto, no texto e com o texto. Privilegiar o estudo do texto na sala de aula de jovens e adultos significa encarar o desafio de conviver com as flutuações, as instabilidades que cada texto traz como horizonte de possibilidades na construção do discurso, em uma forma específica e um estilo próprio na produção de sentidos.

Para compreender o processo de aprendizagem da linguagem escrita na EJA, adotamos como procedimento metodológico o paradigma indiciário (Ginzburg, 1986), por intermédio do qual buscamos indícios de movimento discursivo nessas produções escritas, de suas singularidades com a linguagem. O paradigma indiciário "preocupa-se, entre outras coisas, com a definição de princípios metodológicos que garantam rigor às investigações centradas no detalhe e nas manifestações de singularidade" (Abaurre, 2001, p. 14).

Na definição de "princípios metodológicos que garantissem rigor às investigações" (Abaurre, 2001, p. 14), procuramos sinais, pistas, indícios que nos possibilitassem captar os detalhes, mergulhar nas singularidades, trazendo à tona o que "normalmente" não é visto, não é considerado científico, mas permite escrever o mundo de outra forma, anunciando as particularidades dos saberes produzidos por jovens e adultos em relação à linguagem escrita.

No próximo tópico, buscaremos reconhecer o que nos diz o material sobre os educandos e seus conhecimentos, observando suas respostas aos diagnósticos; que aspectos do processo de quem aprende a escrever encontramos; quais problemas enfrentam e como os enfrentam. Em seguida, discutiremos as implicações desses programas para a aprendizagem da linguagem escrita de jovens e adultos, procurando compreender como suas experiências de vida são tratadas nos instrumentos utilizados.

Marcas dos processos de aprendizagem da linguagem escrita e experiências de vida

Por isso hoje a gente vê nas salas de aulas a maioria dos alunos, que hoje estão saindo, não estão alfabetizados. E aqueles que estão alfabetizados é porque já chegaram com o resultado completo, né? Já chegaram alfabetizados. [...] Eles trabalham com palavras isoladas, onde não tem nenhuma ligação com o texto. Então hoje é tudo assim muito aleatório. É tudo quebrado, não tem um processo, não existe esse processo, uma coisa que venha puxando a outra. Cada dia se faz uma atividade diferenciada e por isso há uma quebra nesse processo de conhecimento. Então é difícil alfabetizar dessa forma, é difícil o aluno que vem assistir sair alfabetizado. (Supervisora de Currais Novos, Mina Brejuí, 2006)

Com base nas questões que nos propusemos, apresentamos aqui nossa análise do material de estudo, ressaltando que, nele, estamos considerando como texto (palavras, frases etc.) qualquer indício do educando na direção do outro em sua produção escrita. Em relação ao que se aproximam ou se distanciam dos materiais de estudo, observamos que os diagnósticos propõem um trabalho com o texto que as atividades em sala de aula não fazem, visto estarem centradas na repetição mecânica de letras, palavras, fra-

210 • Cecilia M. A. Goulart | Victoria Wilson (orgs.)

ses. Os diagnósticos, ainda que busquem uma aproximação com a realidade dos educandos, expressam uma forma padronizada e homogeneizada da produção do conhecimento, isto é, constituem-se em uma forma na qual todos devem caber, independentemente de trajetórias de vida, escolares e profissionais. Nas enunciações escritas dos educandos, nas tentativas de atender às solicitações, notamos que a realidade é muito mais complexa do que pensam os elaboradores de testes. As atividades de sala de aula, da maneira como estão propostas, distanciam-se ainda mais do cotidiano dos educandos, já que se constituem em exercícios estereotipados, infantilizados, mecânicos e fragmentados que não oferecem desafios nem possibilidades de reflexão sobre o processo de aprendizagem da linguagem escrita para os jovens e adultos.

Numa primeira aproximação da atividade de sala de aula, quando se solicita a produção de texto com base em um desenho pontilhado em forma de peixe, podemos caracterizar que a maioria (quatro) das produções assemelha-se aos textos estereotipados, "acartilhados" e requeridos em práticas escolares para os que estão no início da alfabetização. Os alfabetizandos trazem, porém, e de modo semelhante ao observado nos estudos de Smolka (2000), o mundo para a sala de aula e produzem textos em que o *peixe nada, pula, vive,* como podemos verificar nos fragmentos a seguir:

"O peixe nada"[7] (Jorge Juvêncio)
"O peixe pula" (Luiz Gonzaga)
"O peixe nada no rio" (Ana Lúcia)
"O peixe vive no aquário" (Maria Lucilene)

Nesse mesmo exercício, esse mundo configura-se mais intensamente na observação de três educandos que atendem à solicitação de produzir um texto e escrevem:

"O peixe

Era um lindo peixe que só viveia no rio no mar" (Joana D'arc)

"O peixe

Era um lindo peixe que só vive no rio" (Maria Aparecida)

"O peixe

Era uma vez um lindo peixinho que só vivia no rio com muitos peixinhos"
(Maria Simone)

Os três textos são muito semelhantes entre si. O tema é peixe, mas todos *vivem* no rio, enquanto um *vive* também no mar. Analisamos o emprego do verbo *viver* como indício da necessidade de trazer esse peixe para a realidade, para o cotidiano, para a atividade humana, para o mundo. O peixe, que surge a partir de um desenho pontilhado, só adquire sentido se vive. À semelhança do observado no estudo de Smolka (2000) com crianças, os adultos vão nomeando o mundo, revelando conhecimentos, trazendo experiências e mundos para a produção de sentidos. Os três textos iniciam com *era*, um marcador de abertura de histórias (o "era uma vez" dos contos de fadas e das histórias orais), o que pode remeter à necessidade de criar um texto narrativo (muito próximo da oralidade) e também ao conhecimento de um marcador importante na produção de textos, principalmente de um texto narrativo. É possível reparar, na produção discursiva desse grupo, a introdução do caráter existencial que, além de produzir um texto para dar conta da tarefa solicitada, insere no universo discursivo o seu conhecimento e a sua experiência no mundo.

Quando considerados os resultados dos diagnósticos inicial e final, percebe-se que não houve indícios de mudanças significativas no que diz respeito ao processo de aprendizagem da linguagem escrita, e isso tanto para os educandos que já chegaram alfabetizados ao programa quanto para aqueles que estavam em processo de alfabetização, o que nos faz perguntar, então: o que é que eles aprendem no decorrer do programa?

Os indícios de instabilidade na escrita relativos ao querer dizer do enunciador, à forma e ao estilo de dizer e ao sistema da língua estão presentes nas redações produzidos. Notamos esses indícios, nas redações dos educandos, quando solicitados a escrever "uma pequena carta para quem você gosta muito". Eles escrevem cartas para os filhos, a mãe e a namorada ou esposa, assegurando o sentido (o querer dizer) que desejam produzir para o outro e o que é solicitado na tarefa, conforme mostram os trechos abaixo:

"DE ANA LUCIA Para meus dois filhos.

FELIPE E FERNANDA DEUS TEM ABENCOI

EU ESTOU com muita Saudade

ABRANÇO da Sua Mãe Ana" (Ana Lúcia)

"Minha mãe EU TE AMO MUITO

TENHO Muita saudade DE VOCÊ

MARcio gosto muito de

VOCÊ da sua aluna Joana" (Joana D´arc)

"Mãe EU gosto de VOCÊ" (Jorge Juvêncio)

"Zoraide

EU TE AMO MUITO" (Luiz Gonzaga)

"FERNANDA

EU AMO MUITO VOCÊ

QUE VOCÊ SEJE FELIZ

DE SUA MÃE.

APARECIDA" (Maria Aparecida)

Pensando na forma de dizer predeterminada, o gênero do discurso, vemos que grande parte das produções apresenta características de carta, pois têm destinatário, tema/conteúdo e remetente. Apesar da presença de algumas das características que compõem uma carta, cada texto produzido nesse formato é diferente do outro, expressando também os estilos de seus autores no querer dizer. Os indícios de instabilidade relativos ao sistema da língua, tais como a acentuação, pontuação, ortografia, analisamos como oriundos de pouco contato com a língua escrita em si e com a produção de textos escritos. Nesses indícios, contudo, a instabilidade presente não influencia a construção do sentido que os educandos desejam produzir para o outro.

Os fragmentos acima remetem à dimensão de que a um modo de ensinar relaciona-se um modo de aprender (Goulart, 2005), que verificamos também nas atividades realizadas em sala de aula centradas em exercícios mecânicos e repetitivos para a aprendizagem da língua. Ou seja, se os educandos só vivenciam atividades com palavras e frases soltas, descontextualizadas, suas produções implicam palavras e frases soltas descontextualizadas, embora observemos o esforço que fazem para contextualizá-las, para trazê-las para o mundo existencial. Quando solicitados a escrever suas experiências ou a escrever para pessoas reais que estão no mundo, eles dão conta da solicitação, ainda que produzam frases pontuais. Todavia, na maioria das vezes em que foram solicitados a produzir textos com base na experiência, eles buscaram produzir textos coerentes e com sentido, como nas cartas que escrevem também para o alfabetizador da turma, destacadas nos trechos abaixo:

"MACIO EU gosto muito de você
Parque você fai muito legau
com migo" (Maria Lucilene)

"Olá Márcio Tudo bem? Estou escrevendo Para ti
Dizer que, está sendo muito bom este tempo
Em que estivemos juntos em sala de aula

214 • Cecilia M. A. Goulart | Victoria Wilson (orgs.)

Obrigado Por tudo que mees
ensinou. Simone" (Simone)

Nesses trechos, observamos que as cartas trazem embutidas "a história e a experiência coletiva do grupo" (Smolka, 2000) quanto à relação de ensino e aprendizagem que se estabelece entre o educador e sua turma. Já quando solicitados a escrever sobre a profissão, o trabalho e a arte, os textos de sete educandos, na tentativa de cumprir a tarefa solicitada, respondem responsivamente, isto é, num movimento discursivo em que dialogam com a solicitação, com o examinador, com o professor, com o auditório social e com eles mesmos. Nos trechos a seguir, Jorge escreve sobre a profissão, o trabalho e a arte. "Eu não trabalho" é um texto importante e possível, no contexto de sua produção, para alguém expropriado de uma atividade vital. O educando Luiz Gonzaga escreve que é "nimerador i carrosa" (minerador), ele trabalha na Mina Brejuí.

"EU NÃO
TRABALHO" (Jorge Juvêncio)

"EU SOU NIMERADOR I CARROSA" (Luiz Gonzaga)

Já Ana Lúcia escreve: "Do lar A mãe Ana e trabalhadoura e do lar", para marcar que, talvez, mesmo não tendo uma "profissão definida", ela é mãe, trabalha muito em casa ou trabalha em outro lugar e também no lar. Esse discurso da profissão do lar está presente nas enunciações de quatro mulheres. Suas enunciações sugerem o quanto trabalham em casa e a pouca valorização desse trabalho de fundamental importância, que parece precisar do reforço de outros ingredientes para convencer e fazer sentido, como reparamos nos trechos destacados a seguir e comentados abaixo:

"DO LAR
A mãe Ana e trabalhadoura e do LAR." (Ana Lúcia)

Aprender a escrita, aprender com a escrita • 215

"Eu gosto muito de aJunda na minha casa
Eu gosto de faze favo as pessoo
Lavo Paço rupo cuzinho" (Joana D´arc)

"EU SOU noma de casa
Lavo ropos varo casa
Cuido de uma nenina donte
AMO MEU FILHO" (Maria Lucilene)

"Eu nasci em Currais Novos
Meu nome é Maria Aparecida
Sou do lar, gosto de brincar,
Apesar, que quando era criança,
Não brincava..." (Maria Aparecida)

Ana Lúcia associa o fato de ser mãe e trabalhadora à expressão *do lar*; Joana, antes de falar que lava e passa roupa, além de cozinhar, diz que gosta de ajudar as pessoas, de fazer favores; Lucilene lava roupa e varre a casa, mas também cuida de uma menina doente e ama muito o seu filho; e Aparecida mais livremente anuncia ser *do lar* e gostar de brincar, justificando não ter brincado quando era criança. Maria Simone, apesar de afirmar ter uma profissão muito boa (trabalha no Memorial Tomaz Salustiano)[8], faz questão de dizer que também cuida da família, remetendo às várias jornadas de trabalho que a mulher tem nos dias de hoje, ainda que trabalhe fora de casa, como no trecho abaixo:

"Minha profição é muito boa!
Trabalho no menorial Tomaz Salustino.
E em casa cuido da Família gosto muito
do meu trabalho." (Maria Simone)

Seus enunciados sugerem que precisam justificar suas atividades ao outro, como se a consideração e realização das atividades

216 • Cecilia M. A. Goulart | Victoria Wilson (orgs.)

em si não fossem suficientes. A dívida que nunca se paga, o argumento para existir, para se justificar no mundo e ao mundo. Esse movimento discursivo remete ao que Bakhtin afirma sobre o enunciado: sempre se dirige ao outro. No caso em questão, ao professor, ao próprio educando, ao auditório social, ao examinador do diagnóstico etc. Esse modo de conceber a linguagem como interação e constitutiva da cognição e do conhecimento envolve compreender a palavra como aquela que reflete e refrata as relações sociais, a realidade histórico-cultural. Para Smolka (2000), há aspectos diferenciados presentes nessa dinâmica discursiva em que a palavra é signo, a língua é sistema, a linguagem é prática social em funcionamento e a enunciação é produção histórica e acontecimento singular. Há um jogo de posições, lugares, perspectivas, vozes, pressuposições, enunciações, convergências e diferenças na produção discursiva, denotando que os sujeitos do discurso constituem-se e que múltiplos sentidos são produzidos nessa interdiscursividade.

Essa maneira de olhar aspectos da aprendizagem da linguagem escrita de jovens e adultos nos traz outra dimensão, intrínseca à apropriação da língua, que é a da linguagem como atividade humana, na situação específica, no contexto de produção, marcada pelas experiências de vida, na realidade concreta, naquilo que Bakhtin denomina de extralinguístico. Esse é um ponto importante para analisar e compreender a produção de textos dos educandos da EJA. O desafio, porém, consiste em ir além desses aspectos, ou seja, em propiciar a apropriação da língua por meio de atividades que integrem/articulem a produção de enunciados reais.

Com a análise empreendida podemos tentar responder às questões anteriormente propostas. Nesse grupo estudado, notamos que eles aprendem a escrever tendo como ponto de partida um contexto específico de produção que é a própria experiência

Aprender a escrita, aprender com a escrita • **217**

de vida entrevista na e com a elaboração de enunciados reais. É a produção de enunciados escritos na direção do outro, num movimento responsivo, que responde ao outro (afirma, nega, contradiz, silencia etc.), configurando um movimento dialógico. Outro aspecto ponderado refere-se à intenção na produção desse querer dizer do educando de assegurar o sentido que ele deseja produzir para o outro.

Os problemas enfrentados relacionam-se à tensão entre estabilidade e instabilidade do discurso (Geraldi, 2006), em que os enunciados produzidos vêm carregados de vozes sociais com as quais os educandos dialogam (afirmam, refutam, atendem), como, por exemplo, a expectativa de produzir um texto que atenda às solicitações da norma-padrão. Os educandos buscam, na produção da enunciação escrita, controlar a dialética estabilidade/instabilidade na tentativa de dialogar com os diferentes interlocutores: seu discurso interior e exterior, o discurso do outro (professor, examinador, auditório social etc.) e a organização da própria língua (na perspectiva da norma-padrão).

É possível extrair da análise empreendida algumas implicações para a reflexão sobre o ensino e a aprendizagem da língua escrita na EJA. A primeira refere-se à importância de trabalhar com o texto na qualidade de enunciado, na situação de produção social, na atividade humana, em que há projetos de discurso, há o querer dizer do autor e um modo de realizá-lo. A segunda, aliada à primeira, refere-se à opção pelo ensino e aprendizagem da língua escrita a partir de textos, compreendendo que com a língua materna (vocabulário, estrutura gramatical, léxico etc.) aprendemos os enunciados concretos que ouvimos e reproduzimos na comunicação discursiva com as pessoas que nos rodeiam (Bakhtin, 2000). A terceira implicação relaciona-se ao texto como o lugar da expressão da dialética entre a estabi-

218 • Cecilia M. A. Goulart | Victoria Wilson (orgs.)

lidade e a instabilidade da língua, o que significa que é no texto que emergem a subjetividade, as visões ideológicas, os conflitos sociais e políticos vivenciados pelo autor/educando, como observamos nos enunciados analisados aqui. Uma quarta implicação refere-se à necessidade de repensar os critérios de avaliação, principalmente aqueles expressos em "certos" ou "errados", em "ausências" e em "déficits" nos quais a produção escrita e o enunciado ocupam o lugar da diferença.

A análise empreendida sobre o material de estudo vai ao encontro da fala da supervisora de Currais Novos que abre este tópico. Tais reflexões são importantes, mas não podemos deixar de apontar outras interferências nesse processo.

Considerações finais

"A lição sabemos de cor, só nos resta aprender." (*Sol de primavera*, Beto Guedes e Ronaldo Bastos, 1980)

Tomamos emprestada a frase da canção de Beto Guedes e Ronaldo Bastos para pontuar nossas reflexões finais. A análise feita e as enunciações das supervisoras denotam que "a lição sabemos de cor", mas, então, por que ainda não aprendemos?

O objetivo do estudo foi compreender aspectos do processo de aprendizagem da linguagem escrita de jovens e adultos, tendo como referencial teórico o princípio dialógico e discursivo da linguagem em Bakhtin. Esse objetivo, no entanto, durante a análise foi atravessado por muitas questões que não foram tratadas por escapar à intenção do estudo, mas não poderíamos deixar de pontuar ao menos algumas delas.

A primeira relaciona-se ao desenvolvimento de programas de alfabetização de jovens e adultos muito breves e pontuais que não logram desenvolver a aprendizagem da linguagem escrita e têm

Aprender a escrita, aprender com a escrita • 219

pouco impacto individual e social, o que denota a necessidade de elaboração de políticas públicas em EJA que abarquem a continuidade dos estudos no ensino fundamental e médio, mas também outros direitos para além da educação.

A segunda questão refere-se à necessidade de conhecer bem a realidade na qual se vai intervir. Mais do que diagnosticar que saberes os jovens e adultos trazem para o processo de alfabetização, é preciso saber quem e quantos são, que necessidades de escolarização e de outras formações culturais e profissionais demandam, que condições socioeconômicas e motivações de aprendizagem apresentam. Ou seja, mais do que aplicar um diagnóstico inicial e final, é necessário combinar diferentes fontes e meios de informação, a fim de abarcar outros aspectos que um instrumento fechado não permite acessar.

Uma terceira questão consiste na elaboração de políticas públicas que atentem para a pluralidade das necessidades de aprendizagem peculiares aos diferentes grupos de jovens e adultos, considerando a diversidade sociocultural (vivência rural ou urbana, situação familiar, renda, gênero, geração, etnia, ocupação, opção religiosa etc.) e de condições de estudos dos educandos.

Cabe também ajustar as propostas pedagógicas às peculiaridades dos contextos locais e dos subgrupos sociais. Isso significa que a aprendizagem da leitura, da escrita e dos conhecimentos matemáticos deve ser agregada a outros conhecimentos, como as expressões singulares dos contextos de produção.

Notas

1 Iniciativa do governo federal instituída em 2003 que visa à alfabetização de jovens e adultos, sendo uma parceria com governos estaduais e organismos sociais. Disponível em: http://portal.mec.gov.br/index.php?Itemid=86&id=12280&option=com_content&view=article. Acesso em: 26 out.2012.

2 Os diagnósticos, construídos com fundamento na *Proposta curricular para EJA – 1.º segmento* – Ação Educativa/MEC e na coleção *Orientações para*

220 • Cecilia M. A. Goulart | Victoria Wilson (orgs.)

a organização do ciclo inicial de alfabetização, do Ceale, foram elaborados pelos seis educadores do BB Educar, inclusive Inez Garcia, que estavam fazendo o trabalho de acompanhamento regional do programa em alguns estados brasileiros com a orientação/supervisão de uma profissional especializada em avaliação educacional.

3 Usada para fazer filamentos de lâmpadas incandescentes no passado, sendo, hoje, exportada para a China. É extraída da Mina Brejuí, que dá nome à localidade, devido à sua importância para a região.

4 O diagnóstico inicial era composto por dois textos e nove perguntas; e o final, por dois textos e oito questões. A questão número dois dos diagnósticos inicial e final possuía figuras para que os educandos as nomeassem. O objetivo da questão era, contudo, verificar em que nível de escrita (Ferreiro e Teberosky, 1985) o educando encontrava-se e não a correspondência "correta" entre a figura e a escrita de seu nome. Nas questões de número nove (diagnóstico inicial) e oito (diagnóstico final), o educando deveria realizar a leitura e apontar com o dedo o que estava lendo, devendo a aplicadora marcar no quadro de que modo o educando havia realizado a leitura: por inferência ou adivinhação; se leu palavras; se leu textos sem compreensão ou compreendendo-os; bem como a leitura de números (unidades, dezenas, centenas e unidades de milhar).

5 Na aplicação dos diagnósticos, entregava-se o instrumento ao educando e solicitava-se a escrita de seu nome. Quando ele não sabia fazê-lo, a supervisora o fazia, registrando que havia sido ela quem o escrevera. O texto presente nos diagnósticos era lido por duas vezes em voz alta pela aplicadora, sendo acompanhado em leitura silenciosa pelo educando. Havia comentários sobre o texto, tanto por parte da aplicadora quanto dos educandos. A questão número um dos diagnósticos inicial e final era lida pela aplicadora em voz alta, pois era uma questão de compreensão oral. Quando o educando não sabia ler, a aplicadora lia a questão e as respostas, e solicitava que, individualmente, respondesse oralmente a opção de resposta que atenderia ao enunciado da questão, segundo seu entendimento.

6 O ambiente físico da sala de aula também foi preparado para a realização dos diagnósticos. As carteiras foram separadas, a fim de que houvesse uma distância entre os participantes. Proibiu-se a consulta aos colegas de turma, ao alfabetizador, às supervisoras nem ao material dos educandos.

7 Respeitaram-se as formas de os educandos registrarem seus enunciados.

8 O Memorial Tomaz Salustiano faz parte da Mina Brejuí e conta a história dos primeiros proprietários da mina, além de manter uma exposição permanente de materiais coletados na mina.

Aprender a escrita, aprender com a escrita • **221**

Referências bibliográficas

ABAURRE, Maria Bernardete M. *et al. Cenas de aquisição da escrita: o sujeito e o trabalho com o texto.* Campinas: Mercado das Letras, 2001.

BAKHTIN, Mikhail (Voloshinov). *Marxismo e filosofia da linguagem: problemas fundamentais do método sociológico na ciência da linguagem.* Tradução Michel Lahud e Yara Frateschi. 9. ed. São Paulo: Hucitec, 1999.

BAKHTIN, Mikhail. "Os gêneros do discurso". In: _____. *Estética da criação verbal.* Tradução Paulo Bezerra. 4. ed. São Paulo: Martins Fontes, 2003, p. 261-306.

_____. "O discurso em Dostoiévski". In: *Problemas da poética em Dostoiévski.* Tradução Paulo Bezerra. 3. ed. Rio de Janeiro: Forense Universitária, 2005, p. 207-310.

CORRÊA, Manoel L. Gonçalves. *O modo heterogêneo de constituição da escrita.* São Paulo: Martins Fontes, 2004.

FERREIRO, Emilia; TEBEROSKY, Ana. *Psicogênese da língua escrita.* Porto Alegre: Artes Médicas, 1985.

GARCIA, Inez H. Muniz. *Jovens e adultos em processo de alfabetização: voz e vida, revelações e expectativas.* 2004. Dissertação (Mestrado em Educação). Programa de Pós-Graduação da Faculdade de Educação, Universidade Federal Fluminense (UFF), Niterói, 2004.

GERALDI, João W. (org.). *O texto na sala de aula.* 3. ed., 9. reimpr. São Paulo: Ática, 2004.

_____. "A presença do texto na sala de aula". In: LARA, G. M. P. (org.). *Lingua(gem), texto, discurso.* v. 1: Entre a reflexão e a prática. Rio de Janeiro: Lucerna; Belo Horizonte: Fafe/UFMG, 2006, p. 13-29.

GINZBURG, Carlo. *Mitos, emblemas e sinais – morfologia e história.* 2. ed. São Paulo: Companhia das Letras, 2002.

GOULART, Cecilia M. A. "A produção de textos escritos narrativos, descritivos e argumentativos na alfabetização: evidências do sujeito na/da

222 • Cecilia M. A. Goulart | Victoria Wilson (orgs.)

linguagem". In: VAL, M. da Graça Costa; ROCHA, Gladys (orgs.). *Reflexões sobre práticas escolares de produção de texto: o sujeito-autor.* Belo Horizonte: Autêntica, 2003, p. 85-107.

_____ *et al. Processos de letramento na infância: modos de letrar e ser letrado na família e no espaço educativo formal.* Relatório Final de Pesquisa, CNPq, dez. 2005, Niterói, UFF.

LAHIRE, Bernard. *Homem plural: os determinantes da ação.* Tradução Jaime C. Clasen. Petrópolis: Vozes, 2002.

RODRIGUES, Rosângela H. "Os gêneros do discurso na perspectiva dialógica da linguagem: a abordagem de Bakhtin". In: MEURER, J. Luiz; BONINI, Adair; ROTH-MOTTA, Désirée (orgs.). *Gêneros: teorias, métodos e debates.* São Paulo: Parábola, 2005, p. 152-183.

SMOLKA, A. Luzia. "A emergência do discurso na escrita inicial". In: SMOLKA, A. Luzia. *A criança na fase inicial da escrita: a alfabetização como processo discursivo.* 9. ed. São Paulo: Cortez, 2000, p. 65-111.

SOUZA, Marta L. *Cartas de jovens e adultos em processo de aprendizagem da linguagem escrita: resgatando suas funções de autores das próprias histórias e das histórias do mundo.* 2003. Dissertação (Mestrado em Educação). Programa de Pós-Graduação da Faculdade de Educação, Universidade Federal Fluminense (UFF), Niterói, 2003.

Capítulo 8

A institucionalização da escrita no contexto acadêmico: tradição e ruptura

Victoria Wilson

Introdução

Este capítulo discute questões relacionadas ao letramento acadêmico, investigando como práticas de leitura e escrita desenvolvidas no contexto universitário contribuem para a constituição da própria escrita nesse contexto. Em estudos anteriores (Wilson, 2008a, 2008b e 2009), aspectos relativos ao modo de apropriação da escrita acadêmica foram analisados em textos do gênero artigo produzidos por alunos do oitavo período de graduação em Letras. Os resultados da análise apontavam para a falta de familiaridade dos alunos com o saber e o dizer institucional, sobretudo acadêmico, levando-os a um tipo de produção textual que, embora já fosse reveladora de certas propriedades formais quanto à forma de elaborar textos acadêmicos, ainda se mostrava marcado por um dizer

224 • Cecilia M. A. Goulart | Victoria Wilson (orgs.)

da ordem do cotidiano. A maioria dos textos afastava-se, assim, de padrões consagrados pela academia, tais como a atenção ao saber formal relativamente ao uso da variante culta da língua, ao estilo e à estrutura composicional no que concerne aos gêneros discursivos em questão. Apesar de concluir que o processo de letramento é heterogêneo, multiforme e plural, os textos eram considerados com base nas prescrições acadêmicas. A materialidade da escrita, nessa ótica, só dialogava com a falta (a lacuna a ser preenchida num porvir), uma vez que estava centrada na observação das adequações aos protocolos de comportamento, expressão usada por Britto (2007).

A constatação da distância entre a produção do saber científico e sua (re)produção ou mediação como conhecimento (pedagógico? acadêmico?) pelos alunos deu origem à reformulação de meu próprio pensar e fazer, o que ocasionou uma reavaliação das hipóteses antes levantadas e da perspectiva antes delineada. A opção pelo princípio dialógico e discursivo com base em Bakhtin foi fundamental para a compreensão da escrita heterogeneamente constituída, conforme também destaca Corrêa (2004). Segundo esses princípios, os textos são observados na tensão entre a *palavra autoritária* e a *palavra interiormente persuasiva* (Bakhtin, 1993), sempre permeados por um sentido: que escrita esses alunos aprendem na academia para escrever o que escrevem e do modo como o fazem? Se uma das funções do processo de socialização da universidade é superar os valores centrados no senso comum, como o conhecimento científico é "traduzido" pelo aluno e como considerá-lo conhecimento legítimo?

Repensar a legitimidade desses textos na interação e nas fronteiras entre o saber científico e o saber cotidiano, talvez seja esse o desafio para entender a construção da escrita acadêmica por estudantes universitários em termos das escolhas linguísticas realizadas e das relações entre o modo de dizer e o modo de fazer que caracterizam o gênero acadêmico, numa perspectiva que ultrapasse as barreiras funcionais e tecnicistas que têm caracterizado certo tipo de abordagem sobre o letramento.

O letramento acadêmico será considerado o lugar do conflito, da tensão e da ruptura; do ajuste e do acolhimento; das regularidades e irregularidades; espaço de construção do conhecimento, de transformação do conhecimento comum em conhecimento intelectual, acadêmico ou científico. Aquilo que antes soava como falta ou desvio passa a ser visto, portanto, como constituinte da escrita. O modelo ideológico de letramento (Street, 2003) e a constatação, segundo Goulart (2003), de que há diferentes modos de ser letrado contribuíram para o entendimento mais claro dessas produções.

O paradigma indiciário proposto por Ginzburg configurou-se como o método possível para esse tipo de abordagem, pois, de acordo com o autor, "ninguém aprende o ofício de conhecedor ou de diagnosticador limitando-se a pôr em prática regras preexistentes. Nesse tipo de conhecimento entram em jogo (diz-se em geral) elementos imponderáveis: faro, golpe de vista, intuição" (Ginzburg, 1989, p. 179). Como método voltado para as singularidades, o paradigma indiciário privilegia pequenos detalhes, dado que esses podem ser determinantes no processo de investigação do pesquisador. Nesse sentido, Ginzburg chama a atenção para a ideia de "rigor flexível", rigor distinto daquele empregado pelas metodologias experimentais, cuja flexibilidade permite ao pesquisador deter-se em aspectos nem sempre captados diretamente.

O estudo e seu contexto

A pesquisa se desenvolve no contexto de um curso de formação de professores, em nível de graduação, de uma faculdade da

Universidade do Estado do Rio de Janeiro (Uerj), no município de São Gonçalo. Os alunos, graduandos do curso de Letras, são do próprio município ou de municípios adjacentes. De origem rural, atualmente são urbanizados.

São Gonçalo é um município populoso (960 mil e 631 habitantes, número estimado pelo IBGE, em 2007), voltado para o comércio e para os bens e serviços, com uma indústria pesqueira e têxtil, com grande concentração urbana, cujos trabalhadores, porém, em sua maioria, deslocam-se para os municípios vizinhos, como Niterói e Rio de Janeiro, caracterizando-a como uma cidade-satélite. Desde a sua transformação de centro rural, em que a citricultura era tão importante que o município era conhecido como a Califórnia brasileira, até a crise na agricultura (a partir de 1929), com o loteamento das grandes fazendas e o deslocamento da mão de obra para o Rio de Janeiro, então capital federal, São Gonçalo sofre com o descaso político. Entre as décadas de 1930 e 1950, a cidade viveu seu *boom* industrial e passou a ser conhecida como a "Manchester fluminense", segundo Reznik (2009), pesquisador e professor de História. A partir das décadas de 1950 e 1960, São Gonçalo recebeu migrantes de outras partes do estado, o que estimulou a intensificação dos loteamentos e ocasionou a transformação drástica do lugar. Desde então, o município tem sido alvo de disputas políticas e eleitoreiras que acabaram por deixá-lo entregue aos interesses privados (Freire, 2002) e com uma identidade difusa, conforme Reznik (2009, p. 1):

> [...] como estranho destino das cidades satélites que cresceram à sombra das gigantes e são por elas encantadas e obscurecidas. Visões contraditórias entre o feio e o idílico, entre a depreciação e o ufanismo ingênuo, entre o desejo do exílio e a afirmação desesperada do localismo, permeiam essa identidade. Identidade

Aprender a escrita, aprender com a escrita • **227**

esmaecida, assegurada e vivificada, em grande parte, pelo poder público instituído.

No universo de identidades contraditórias como a de São Gonçalo, tanto professores quanto alunos acabam vivendo de certa forma o exílio e a afirmação: exilados dentro da própria instituição, já que estão localizados do outro lado da baía de Guanabara, distantes das grandes decisões políticas e acadêmicas, sempre à margem e na rebarba do polo; afirmando-se, porque precisam a todo instante provar que são suficientemente "bons" e qualificados em relação ao lado de lá e às outras grandes universidades públicas e privadas localizadas nas duas grandes cidades.

A instituição, de onde foi coletado o material de pesquisa, é o único espaço público de nível universitário e constitui-se como uma referência importante no município, quase desprovido de livrarias, cinemas, centros culturais e bibliotecas. A faculdade funciona com seis departamentos (Letras, Matemática, Pedagogia, Geografia, Ciências e Ciências Humanas) e conta com 11 cursos de graduação (dois *stricto sensu*, nove *lato sensu*). Apesar do preconceito e da desigualdade econômica e social, a instituição atende atualmente 2.900 alunos de graduação, sendo 580 do curso de Letras (número que vem decrescendo nos últimos anos), divididos nas habilitações de Inglês e Literaturas de Língua Portuguesa. A maioria dos alunos de Letras já trabalha como professor, seja atuando nas séries iniciais da educação básica, seja em cursos de Inglês ou em outras atividades que não o magistério. O número de alunos envolvidos com a pesquisa está crescendo, em virtude da própria qualificação do corpo docente (grande parte de doutores), o que vem incentivando o desenvolvimento de projetos de pesquisa.

O material de pesquisa foi coletado por bolsistas que também contribuíram para pensar essa investigação, durante as aulas de

228 • Cecilia M. A. Goulart | Victoria Wilson (orgs.)

Técnicas de Comunicação e Expressão (TCE). Os textos são produzidos pelos alunos como trabalho final de avaliação dessa disciplina, cuja ementa está direcionada para a escrita de gêneros acadêmicos em linguagem formal na norma culta da língua. Na época da coleta dos dados (2006), ainda vigorava o currículo antigo e a disciplina era ministrada no último período do curso de Letras, com uma carga horária semanal de duas horas e 30 minutos, o que correspondia a três horas-aula semanais. Poucos alunos tinham uma tradição em pesquisa; portanto, no caso da escrita de artigos, era necessário que muitas situações fossem inventadas ou recriadas com base em alguma pesquisa ou trabalho realizado em outra disciplina. A professora trabalhava com modelos acadêmicos de resenhas, fichamentos e artigos, explicando-os em primeiro lugar em termos de sua estruturação. Cabia aos alunos reproduzir tais modelos que iam sendo corrigidos durante as aulas até ganhar a versão final para a correção e nota. As condições de produção estavam voltadas basicamente à aprendizagem dos modos de dizer e fazer, isto é, às habilidades operacionais, já que a disciplina estava orientada para esse fim.

Na condição de reproduzir os modelos de textos e gêneros apresentados, os alunos reiteram "a palavra de autoridade", o discurso instituído que, de certa forma, já se insinua como discurso-resposta-futuro, como "discurso que foi solicitado a surgir e que já era esperado" (Bakhtin, 1993, p. 89). Mesmo projetado para as expectativas do contexto, o discurso não é apenas o resultado de apropriações do instituído social e do uso repetitivo de enunciados já produzidos: na produção de textos escritos, muito se faz, parafraseando Geraldi (1993), com e sobre a linguagem. Por essa razão, os discursos que circulam apresentam naturezas diversas e estão sempre marcados pela sua singularidade, trazendo sinais de sua interioridade (a palavra interiormente persuasiva). Nesse

Aprender a escrita, aprender com a escrita • **229**

sentido, caberá a questão proposta por Smolka (2000, p. 71): "Se o discurso interior traz as marcas do discurso social, não poderíamos dizer que o discurso escrito, sobretudo na sua gênese, traz as marcas do discurso interior?"

A escrita acadêmica: a história da pesquisa ou outro desafio

Em sua fase inicial, a investigação apoiava-se em três hipóteses. Embora todas estivessem relacionadas ao conceito de letramento como práticas sociais dependentes da natureza, da estrutura e das aspirações de determinada sociedade (Soares, 2001, p. 112), predominava na análise uma concepção de letramento centrada nas operações do tipo saber-dizer, saber-fazer.

A primeira hipótese concentrava-se na manipulação do código linguístico (acadêmico, no caso) pelo aluno em atenção ao código institucional, no sentido da reflexão de Corbeil (2001, p. 178) sobre regulação linguística: "Fenômeno pelo qual os comportamentos linguísticos de cada membro de um grupo ou infragrupo dado são moldados no respeito a uma certa maneira de fazer sob a influência de forças sociais que emanam do grupo ou de seus infragrupos". Um dos efeitos da regulação linguística, segundo o autor, compreende o modo como as comunicações institucionais podem controlar o uso que fazem da língua. No caso do contexto acadêmico, o controle sobre as forças linguísticas como modelos construídos é bastante evidente e está associado ao predomínio de uma mesma variedade (a norma culta), implicando os modos como os alunos lidam com essa norma em tensão com as demais. Além desse fator, cumpre salientar outro a ele também relacionado: a neutralidade linguística. Muitos são os estudos que demonstram que a língua não é neutra, ainda que haja gêneros mais propícios à neutralidade, como os documentos oficiais e pro-

230 • Cecilia M. A. Goulart | Victoria Wilson (orgs.)

tocolares, os gêneros acadêmicos. Ainda assim, trata-se de uma neutralidade pretensa.

No entanto, sob a perspectiva interacional, mitos sobre homogeneidade, objetividade e neutralidade da língua acabam se desfazendo, pois as relações, ainda que normativas (discurso autoritário), entram em tensão com o discurso internamente persuasivo, o que corrobora a hipótese da alteração dos estilos e dos discursos em circulação.

A segunda hipótese, extensão da primeira, focava o letramento de acordo com as habilidades e competências necessárias e exigidas no contexto acadêmico. Derivava da reflexão de Matencio (2006, p. 97) sobre o par "saber dizer" e "saber fazer", que envolve

> "a apropriação de conceitos e procedimentos acadêmico-científicos
> [bem como] a compreensão dos domínios discursivos imbricados
> na universidade e nas práticas escolares – os discursos científicos, de
> divulgação científica e didáticos – e, também, da transformação de
> objetos de estudo em objetos de ensino".

Não há dúvida de que a tarefa de produzir textos com base em gêneros altamente ritualizados requer a aprendizagem de habilidades e operações cognitivas e sociais, bem como o monitoramento estilístico. Essa hipótese orienta-se para os modos de dizer e fazer do discurso acadêmico, para a manipulação e o tratamento discursivo e para a sua adequação aos saberes controlados pela instituição, associados a todas as tarefas envolvidas na aprendizagem.

A terceira hipótese considerava esses modos de dizer e fazer, articulando-os às imagens sociais projetadas na escrita pelos alunos, buscando apoio no modelo ideológico de letramento segundo o reconhecimento de que, apesar do alto grau de estabilidade e coação de alguns gêneros sobre os outros, das pretensas neutrali-

Aprender a escrita, aprender com a escrita • **231**

dade e objetividade do discurso acadêmico, esse discurso também é constituído de uma natureza expressiva, dialógica e reveladora de visões de mundo e pontos de vista; constituído, portanto, e de acordo com Bakhtin (1993, p. 325), das vozes sociais.

Os procedimentos de análise, em primeiro lugar, recaíram sobre a observância dos princípios norteadores da primeira e da segunda hipóteses, a fim de privilegiar as competências, interpretando como as escolhas linguísticas produziam ou reproduziam os modos de dizer e fazer da academia e que sentidos poderiam estar subjacentes a essas escolhas quando considerados os pontos de vista projetados. A análise buscava: (a) o uso de recursos linguísticos, tais como: tempos e modos verbais; pessoas do discurso; operadores argumentativos e modalizações; (b) a organização discursiva em termos da manipulação do conhecimento científico, como a articulação teórico-metodológica, o uso de citações e paráfrases; (c) a exploração dos argumentos, tendo em vista sua força ilocucional.

Os textos dos alunos, na modalidade artigo, eram enfim interpretados à luz das escolhas linguísticas, da construção de pontos de vista e da interlocução com outros textos. Também interessavam os modos de enunciação referentes às marcas de pessoa, com o propósito de observar as formas de apagamento/distanciamento discursivos relacionados ao grau de envolvimento.

Os resultados das análises apontavam para uma tendência de ajuste da escrita aos modelos convencionais com os quais os alunos tinham contato. Contudo, essa escrita, se na superfície organizava-se para atender à comunicação instituída, internamente revelava um conjunto de forças contraditórias, seja pela manutenção de um *status quo* predeterminado e pela reprodução de valores consagrados, seja pela falta de habilidade de conduzir uma reflexão que articulasse "de modo satisfatório" os diferentes saberes, o comum e o científico. Os protocolos de comportamen-

232 • Cecilia M. A. Goulart | Victoria Wilson (orgs.)

to eram respeitados à medida que representavam o senso comum do pensamento pedagógico.

Tais resultados, no que tange à elaboração de artigos, mostravam que faltava aos alunos a experiência de lidar com a pesquisa e a construção do conhecimento científico, uma vez que os textos produzidos na modalidade de resenhas críticas já demonstravam maior domínio em relação ao gênero, à organização discursiva e à sistematização do saber, até mesmo por requererem outro tipo de construção de conhecimento quanto à produção de artigos.

Conforme afirma Britto (2003, p. 193), é preciso haver "mudanças na raiz da instituição acadêmica, no conceito de currículo e de produção e divulgação de conhecimento, e, ainda, [...] a convivência com os discursos de prestígio, manifestados tanto nos objetos culturais, como nos objetos científicos", para que haja mudanças significativas ao letramento e à sua contraparte, o conhecimento. Assim, o desafio aqui sugerido fundamenta-se na concepção de Bakhtin (1993, p. 265), segundo a qual "a língua passa a integrar a vida através de enunciados concretos que a realizam", para a apreensão daquilo que há de expressivo nos enunciados, relacionando-os ao modo de produzir conhecimento formal.

A articulação da palavra própria: a palavra autoritária e a palavra interiormente persuasiva

Para este trabalho, foi selecionado um artigo produzido por uma aluna de graduação, doravante M. M. já concluiu a graduação e hoje exerce a profissão de professora. Está dando continuidade aos estudos como aluna do curso de mestrado e tem como interesse investigar a variação linguística nos livros didáticos de Língua Portuguesa.

Aprender a escrita, aprender com a escrita • **233**

O texto produzido na época da coleta do material nas aulas de graduação tem como título "A importância do profissional de Letras", foi escrito para atender à modalidade "artigo" e, apesar de não preencher as características do gênero, está "formatado" como se fosse um artigo, visto que se encontra dividido em quatro partes bem definidas, de acordo com os modelos estudados em sala de aula, a saber: introdução, desenvolvimento, conclusão e bibliografia. Exceto por esta, o texto completo está reproduzido, destacado no quadro que se segue.

O artigo: estrutura e reprodução

a. Introdução

A sociedade, em geral, não se dá conta da relevância que tem o profissional de letras para o desenvolvimento cultural do indivíduo. Contudo, é oportuno ressaltar que o curso de letras requer muito esforço e aplicação nos estudos para que se tenha aptidões necessárias para atuar nessa área.

A proposta deste trabalho é mostrar a importância do professor, levando-se em conta sua atuação na sociedade e sua contribuição para o desenvolvimento intelectual e profissional das pessoas.

A metodologia usada neste trabalho foi baseada em pesquisas em que se pôde constatar o aumento do número de vestibulandos que escolhem o curso de letras, provando, assim, que as pessoas estão mudando um pouco a sua forma de pensar.

b. Desenvolvimento

1. O profissional de Letras e a pesquisa que comprova o seu valor na sociedade: exemplificação

234 • Cecilia M. A. Goulart | Victoria Wilson (orgs.)

O aumento da importância do curso de Letras hoje pode ser percebido quando se comparam os números do vestibular. Se há alguns anos os candidatos tinham apenas um concorrente para entrar na UFU, agora eles precisam estudar um pouco mais para ingressar no curso. A média de candidatos/vaga tem crescido a cada vestibular, assim como o número de formandos nas turmas. "Antigamente até sobravam vagas e, no último ano, formavam quatro, cinco alunos. Agora a média é 10, 15 candidatos disputando uma vaga e se formam, se juntarmos os cursos diurno e noturno, mais ou menos 70 alunos", conta a professora Neila Soares, que mesmo após aposentada já leciona há 12 anos na universidade.

A coordenadora do curso de Letras, Maria Madalena Bernadelli, afirma que este fato se deve também a uma mudança no perfil dos alunos do curso. "Antes, muitas pessoas achavam que o curso de Letras era só para mulheres, que isso a deixava mais culta quando dominava a língua materna e também uma língua estrangeira. Era visto como uma forma de preparar a mulher não para o mercado de trabalho, mas sim para um casamento", afirma. "Hoje esta visão é totalmente diferente. A comunidade percebeu que o curso de Letras propicia conhecimento para você exercer plenamente a cidadania com disciplinas como Filosofia, Psicologia da Educação e Análise do Discurso. Isso porque é por meio da língua que acontece a realização do conhecimento", finaliza a coordenadora. (Bernadelli, 2005)

Essa pesquisa comprova que as pessoas estão valorizando mais o curso de letras e percebendo que a importância do profissional de letras não é somente formar cidadãos aptos a atuar no mercado de trabalho, mas sim desenvolver a consciência crítica nos alunos, levando-os, por meio do co-

Aprender a escrita, aprender com a escrita • **235**

nhecimento, a refletir e ter suas próprias decisões, fazendo-
-os "pensar por si mesmos".

Além disso, tal importância reside, também, no fato de
que, por intermédio do professor de português, o aluno desenvolve a linguagem, aperfeiçoa o conhecimento, melhora
sua forma de expressão oral e escrita, permitindo, desta forma, sua ascensão no mercado de trabalho e a melhoria no
relacionamento com as pessoas.

Um fato que comprova o comentário citado é que uma
pessoa que não consegue desenvolver suas ideias, seja por
meio da comunicação oral ou pela escrita, ao passar
por uma entrevista de emprego, por exemplo, ou até mesmo
um concurso público, perde a vaga para a outra pessoa que
já conseguiu desenvolver melhor sua capacidade comunicativa, bem como a expressão de suas ideias por escrito.

Sendo assim, este tema foi escolhido com o intuito de
levar o profissional de letras a uma reflexão, de como sua
atuação pode contribuir para o progresso e o crescimento intelectual dos cidadãos. Por constatar que este é um tema que
traz essa reflexão, e por ser, da mesma forma, interessante o
professor tomar conhecimento, é que resolvi desenvolvê-lo.

2. Rubem Alves discute, em seu livro, o tema da educação,
   ressaltando a importância do educador
   Rubem Alves discute sobre o tema da educação em seu
livro "Conversas com quem gosta de ensinar" e propõe a seguinte reflexão:
   "A questão não é gerenciar o educador. É necessário acordá-lo. E, para acordá-lo, uma experiência de amor é necessária. E talvez, repetirão o milagre da instauração de novos
mundos." (Alves, 2004)

236 • Cecilia M. A. Goulart | Victoria Wilson (orgs.)

Essa asserção reforça ainda mais o valor do educador (profissional de letras) para a sociedade contemporânea, no sentido de criar um mundo novo de possibilidades, cultura e saber.

c. Conclusão: síntese mínima de retomada e reforço da proposta

Fica claro, por tudo o que foi exposto, que o professor, mais especificamente o profissional de letras, tem grande importância para o progresso da sociedade, pois ele contribui ativamente na formação dos alunos, assim como na sua ascensão intelectual e profissional, despertando o senso crítico e a criatividade, garantindo à sociedade todo o conhecimento que traz a sabedoria indispensável para a sua efetiva libertação.

d. Bibliografia

A escrita como expressão de subjetividade: análise

A introdução do texto apresenta traços formais que caracterizam os artigos, ressaltando a proposta de trabalho e a metodologia que será empregada. Logo no primeiro parágrafo, chama a atenção o tipo de ato de fala empregado. Trata-se de um ato declarativo em que se nega uma premissa – *a sociedade, em geral, não se dá conta da relevância.* A autora do artigo parte do pressuposto bastante difundido na sociedade brasileira de que se fala muito da importância dos professores na formação dos indivíduos quando o que se vê, na prática, é a desqualificação constante desse profissional: os baixos salários e o descaso de sucessivos governos e lideranças públicas só acentuam tal desvalorização. Ao escolher uma premissa negativa, M. desloca o foco informacional a fim de

Aprender a escrita, aprender com a escrita • **237**

atrair a adesão do leitor à verdadeira importância que deve ser atribuída aos professores.

Tal argumento é reforçado pelo emprego da palavra *contudo*, que assume tanto uma função anafórica, na recuperação do pressuposto (*a sociedade não se dá conta da relevância*) e do subentendido (ênfase na valorização que deve ser dada pela sociedade ao professor), quanto uma função catafórica, na ênfase às habilidades e competências que devem ser adquiridas por esse profissional ao longo de sua qualificação: **Contudo**, *é oportuno ressaltar que o curso de letras requer muito esforço e aplicação nos estudos para que se tenha aptidões necessárias para atuar nessa área.*

O recurso de coesão (*contudo*), como operador argumentativo, adquire valor expressivo na proposição por realçar, mais do que o ponto de vista, uma concepção de mundo da autora do texto que começa a se delinear a partir desse ponto. Ressalte-se com Koch (1987) que operadores de natureza adversativa, seguidos de uma negativa, levam a uma inversão argumentativa, o que tem implicações na construção do sentido do texto, como será explorado adiante. Além disso, esse operador estabelece no interior do parágrafo relações dialógicas internas ao próprio discurso (reflexão sobre o dizer que está sendo construído) e externas, com o leitor, enfatizando a informação que será oferecida. Vejamos:

> Contudo, é oportuno ressaltar que o curso de letras requer muito esforço e aplicação nos estudos para que se tenha aptidões necessárias para atuar nessa área.

De fato, a informação principal (que precisa ser ressaltada) é a que ocorre na função oracional de sujeito, o que é bastante signifi-

238 • Cecilia M. A. Goulart | Victoria Wilson (orgs.)

cativo porque, em termos de ordenação, essa informação não ocupa o primeiro lugar na sequência linear do enunciado. Segundo a análise tradicional, é principal a primeira oração. No entanto, o deslocamento para o segundo plano sintático da informação principal é indicador de que a primeira oração tem a função de modalizar a segunda proposição para antecipar certa atitude responsiva do destinatário: *é oportuno ressaltar* produz um efeito performativo, de caráter subjetivo, assinalando a força ilocucional em *é oportuno* com uma modalização deôntica (de caráter obrigatório aqui atenuado) que transita entre as fronteiras de um pedido, uma intenção, ou de uma advertência ou um alerta para o destinatário. A delimitação argumentativa busca, com a inversão, a adesão do destinatário, além de projetar uma situação enunciativa concreta.

Na seção dedicada ao desenvolvimento, M. estabelece uma subdivisão em dois itens. O primeiro intitula-se: O *profissional de Letras e a pesquisa que comprova o seu valor na sociedade: exemplificação*; o segundo tem como título: *Rubem Alves discute, em seu livro, o tema da educação, ressaltando a importância do educador.* Aqui, encontram-se exemplificações e argumentos de autoridade que já sugerem a interlocução com outros textos e outras vozes. A autora trabalha com textos de duas entrevistas a professoras universitárias. Não há informações relevantes quanto ao contexto das entrevistas, apenas alguns fragmentos, chamando a atenção para a valorização do curso de Letras e dos profissionais da área. Introduz-se aqui o conceito de polifonia proposto por Bakhtin: a expressão da voz viva de duas professoras gera, no discurso construído da autora, a manifestação da autoridade, responsável pelo que se desencadeia sobre as proposições que se desenvolverão ao longo do artigo. A autoridade polifônica, como sugere Koch (1987), é uma necessidade constitutiva da fala; no caso do gênero acadêmico, determinação institucionalizada, pois a interlocução com ou-

Aprender a escrita, aprender com a escrita • **239**

tros textos, outras vozes, articuladas de forma teórica e conceitual, pode fazer valer seu modo de dizer e fazer como texto legítimo no meio universitário. Estabelece-se o jogo entre a "palavra de autoridade" (palavra encontrada de antemão, já unida à autoridade) e a "interiormente persuasiva" (que será construída como réplica, fronteira, diálogo com a palavra autoritária), conforme designação de Bakhtin (1993), como um processo de elaboração e suporte para as reflexões que se seguem às entrevistas. O ato particular de apropriação da escrita, afirma Corrêa (2004, p. 229), "ao estabelecer-se na ligação de um discurso com outro(s) discurso(s), mostra sua vinculação a uma prática social".

Já os demais parágrafos (destacados abaixo) vão desempenhar o papel de manutenção dos argumentos de autoridade registrados nas entrevistas, já que a seleção lexical projeta imagens construídas com base em palavras alheias, reforçando como "o enunciado do outro está voltado não só para o seu objeto, mas também para o discurso do outro acerca desse objeto" (Bakhtin, 1993, p. 320).

A ligação de um discurso a outros pode ser evidenciada também quando a autora-aprendiz se apropria de recursos expressivos identificados com o discurso acadêmico, momento em que se percebe o diálogo com o instituído. Vejamos como cada parágrafo é introduzido por meio do recurso das nominalizações (trechos em negrito) como forma de garantir distanciamento e impessoalidade às informações:

a) **Essa pesquisa comprova** que as pessoas estão valorizando mais o curso de letras e percebendo que a importância do profissional de letras não é somente formar cidadãos aptos a atuar no mercado de trabalho, mas sim desenvolver a consciência crítica nos alunos, levando-os, por meio do co-

240 • Cecilia M. A. Goulart | Victoria Wilson (orgs.)

nhecimento, a refletir e ter suas próprias decisões, fazendo-os "pensar por si mesmos".

b) **Além disso, tal importância reside,** também, no fato de que, por intermédio do professor de português, o aluno desenvolve a linguagem, aperfeiçoa o conhecimento, melhora sua forma de expressão oral e escrita, permitindo, desta forma, sua ascensão no mercado de trabalho e a melhoria no relacionamento com as pessoas.

c) **Um fato que comprova o comentário citado** é que uma pessoa que não consegue desenvolver suas ideias, seja por meio da comunicação oral ou pela escrita, ao passar por uma entrevista de emprego, por exemplo, ou até mesmo um concurso público, perde a vaga para a outra pessoa que já conseguiu desenvolver melhor sua capacidade comunicativa, bem como a expressão de suas ideias por escrito.

d) Sendo assim, **este tema foi escolhido com o intuito de levar o profissional de letras a uma reflexão,** de como sua atuação pode contribuir para o progresso e o crescimento intelectual dos cidadãos. Por constatar que este é um tema que traz essa reflexão, e por ser, da mesma forma, interessante o professor tomar conhecimento, é que resolvi desenvolvê-lo.

Para Corrêa (2004, p. 190), o efeito da nominalização "advém da tentativa de produzir um texto apropriado ao interlocutor, projetado este último ao campo do conhecimento formal, lugar em que localiza o código institucionalizado". Ao deslocar o foco da pessoa para o fato, intensifica-se o caráter argumentativo, realçando com isso o poder atribuído à palavra autoritária. No entanto, ainda que a palavra autoritária (código institucionalizado) se im-

Aprender a escrita, aprender com a escrita • **241**

ponha "a nós independentemente do grau de sua persuasão interior" (Bakhtin, 1993, p. 143), é no interior do próprio fazer-dizer que a autora oculta sua voz para fazer sobressair a voz do outro num movimento de tornar mais forte a autoridade polifônica. Esse modelo se repete na segunda parte do desenvolvimento, em que a autora traz a palavra de Rubem Alves como palavra instituída e legitimada, para reforçar ainda mais seus argumentos. Segundo Bakhtin (1993), a palavra de outrem está associada aos processos de formação ideológica do homem no sentido de definir "as próprias bases de nossa atitude ideológica em relação ao mundo e de nosso comportamento". É no embate e no conflito entre as duas palavras (a autoritária e a interiormente persuasiva) que a história ideológica é determinada. É raro, ainda para Bakhtin, que possa haver uma unificação entre essas duas palavras.

No texto de um aprendiz e no que toca aos textos científicos e acadêmicos, porém, não raro há uma coincidência ou correspondência entre essas duas palavras, sobretudo nas Ciências Humanas, em que as citações são empregadas para refutar ou confirmar, ou ainda completar as opiniões, estabelecendo com esse processo um caso de inter-relação dialógica entre palavras significativas dentro de um contexto. Pode-se ir mais longe, ao pensar sobre o que Bakhtin (1993, p. 163 e 168) também comenta sobre o estilo: para ele, o "estilizador" trabalha com o ponto de vista do outro; ou "inclui no seu plano o discurso do outro no sentido de suas próprias intenções". O fato de a autora-aprendiz preferir o alinhamento ao refutamento das vozes selecionadas mostra o quanto "cada escrevente pode ser visto no diálogo que estabelece com o que julga ser o modo de constituição da escrita" (Corrêa, 2004, p. 126), modo esse que tenta a reprodução das convenções acadêmicas. Ao incluir palavras alheias, por meio de entrevistas ou citações, M. propõe um alinhamento com essas palavras com a finalidade de que suas

242 • Cecilia M. A. Goulart | Victoria Wilson (orgs.)

intenções se manifestem de forma mais autônoma. E por que não legítima? A palavra de autoridade, nesse artigo, parece encarnar o discurso oficial, o modelo instituído e pré-construído do qual se lança mão para validar a nossa própria palavra.

Nesse texto, unida à palavra autoritária, a palavra interiormente persuasiva projeta uma visão idealizadora e ufanista do profissional de Letras. O artigo apresenta uma realidade que seria invisível aos olhos da sociedade e trabalha com a idealização e a mistificação que envolvem a cultura letrada: ser letrado significa ter prestígio social, sobretudo em países emergentes como o Brasil. Ao trazer à tona um conjunto de máximas em torno do professor, o texto acaba neutralizando as contradições, inerentes à própria condição e função de ser professor, apagando e bloqueando outras vozes capazes de desfazer estereótipos e convenções preestabelecidas, reproduzindo um modelo de aprendizagem centrado "na aquisição de padrões de comportamento e submissão aos valores do senso comum" (Britto, 2007, p. 29), como meio, provavelmente, "do que supõe como institucionalizado para a sua escrita" (Corrêa, 2004, p. 61). Os excertos abaixo constituem reflexos dessa visão estereotipada e idealizada do professor:

a) Essa asserção reforça ainda mais o valor do educador (profissional de letras) para a sociedade contemporânea, no sentido de criar um mundo novo de possibilidades, cultura e saber.

b) [...] percebendo que a importância do profissional de letras não é somente formar cidadãos aptos a atuar no mercado de trabalho, mas sim desenvolver a consciência crítica nos alunos, levando-os, por meio do conhecimento, a refletir e ter suas próprias decisões, fazendo-os "pensar por si mesmos".

Aprender a escrita, aprender com a escrita • **243**

c) [...] por intermédio do professor de português, o aluno desenvolve a linguagem, aperfeiçoa o conhecimento, melhora sua forma de expressão oral e escrita, permitindo, desta forma, sua ascensão no mercado de trabalho e a melhoria no relacionamento com as pessoas.

d) [...] uma pessoa que não consegue desenvolver suas ideias, seja por meio da comunicação oral ou pela escrita, ao passar por uma entrevista de emprego, por exemplo, ou até mesmo um concurso público, perde a vaga para a outra pessoa que já conseguiu desenvolver melhor sua capacidade comunicativa, bem como a expressão de suas ideias por escrito.

e) [...] de como sua atuação [do professor] pode contribuir para o progresso e o crescimento intelectual dos cidadãos.

Ainda que elaborado e organizado de modo incipiente, a seção de desenvolvimento do artigo funciona para a sustentação e credibilidade da argumentação pretendida pela autora-aprendiz. Nesse sentido, o diálogo do artigo com outros textos orienta-se para a representação do código institucionalizado, evidenciando, segundo Corrêa (2004, p. 166), "a imagem por meio da qual [a autora-aprendiz] representa a (sua) escrita, seu interlocutor e a si mesmo". A conclusão do artigo parece sintetizar esta ideia:

Fica claro, por **tudo** o que foi exposto, que o professor, mais especificamente o profissional de letras, tem grande importância para o progresso da sociedade, pois ele **contribui ativamente** na formação dos alunos, assim como na sua ascensão intelectual e profissional, **despertando** o senso crítico e a criatividade, **garantindo** à sociedade **todo o conhecimento** que traz a sabedoria indispensável para a sua **efetiva** libertação.

244 • Cecilia M. A. Goulart | Victoria Wilson (orgs.)

Considerando-se a seleção lexical, nota-se como está marcada pela expressão de atitude do locutor, revelando sinais do discurso social internalizado, associada "à expectativa do escrevente de reconstituir integralmente a situação real de interação, revelando como ele representa a (sua) escrita em sua gênese" (Corrêa, 2004, p. 130-1).

Os indicadores modais singularizam o enunciado, marcando a posição da autora; funcionam como índices avaliativos ou atitudinais, conforme Koch (1987): (i) *fica claro* expressa uma modalização do tipo epistêmica, intensificando o grau de certeza, próprio também para a conclusão do texto; (ii) *contribui ativamente*, o advérbio de modo tem como escopo o verbo, porém atua como modalizador, indicando a crença do locutor sobre o argumento, projetando assim a voz da autora; (iii) em *efetiva libertação*, o adjetivo exprime a necessidade de ter garantida a libertação, expandindo o significado do substantivo mediante a sua particularização; o adjetivo manifesta-se como índice atitudinal, reforçando o caráter expressivo de todo o enunciado; (iv) os verbos como *contribuir*, *despertar* e *garantir*, se já revelam, ideológica e pragmaticamente, valores positivos, têm sua força ilocucional intensificada em forma da eficácia e produtividade de seus resultados, na possibilidade de gerar transformação e produzir comportamentos.

Todo discurso revela-se, em parte, pelas suas marcas, seus indícios; compreende um repertório de normas e valores sociais e linguísticos. São as marcas do discurso social internalizado. O que o artigo de M. revela ou silencia ao dizer o que se pode e deve dizer? De acordo com as pistas lançadas no início do artigo, pode-se recuperar o arcabouço do texto, sustentado entre o pressuposto e o subentendido. Entendendo-se o pressuposto como a informação que não é tomada como a orientação argumentativa principal ou a que deve ser seguida, mas é parte integrante do sentido dos

Aprender a escrita, aprender com a escrita • **245**

enunciados; e o subentendido como a informação cujo sentido deve ser interpretado pelo destinatário, o que se nega e é tomado como pressuposto é o que a sociedade não consegue ou não quer ver, reconhecer; já o que se afirma, o subentendido, emerge do eco dos atributos sociais positivos dispensados ao profissional de Letras, conforme proporciona a leitura dos enunciados acima destacados.

Diante desse movimento textual-discursivo, alinhava-se um discurso duplo. O primeiro enraizado em conceitos ideais e utópicos, respaldados pela palavra autoritária em que os conflitos são neutralizados; o real é sobrelevado até formar uma suprarrealidade. Um modelo homogêneo de professor, de aluno e de ensino também é instaurado como responsável pela organização e constituição do saber. O que aparece como pressuposto, como informação secundária, é o eixo que precisa ser revitalizado para se tornar real nas formas em que o enunciado se manifesta. O processo de construção do artigo pela aluna dialoga com o pressuposto e o subentendido, na fronteira entre a palavra autoritária e a palavra interiormente persuasiva, num exercício de sobrevivência ao contexto. O que esse discurso interior nos fala traduz-se como manifestação de desejos e anseios na tentativa de produzir ações transformadoras, mesmo que ancoradas em papéis estereotipados de uma escrita institucional:

> Quando tratamos de uma sociedade capitalista, em que a discriminação social é tão patente, precisamos defender o pluralismo cientes de que ele não seja o puro e simples direito à palavra, mas o direito às condições de que essa palavra possa ser constituída em ação modificadora. (Lopes, 1999, p. 59)

O subentendido traz à tona a existência das contradições e dissonâncias da divisão de classes. À sombra da homogeneidade e uniformidade de gestos e palavras, cultiva-se uma intenção, vis-

246 • Cecilia M. A. Goulart | Victoria Wilson (orgs.)

lumbra-se um objetivo, constitui-se uma meta. Se "o currículo é produto dinâmico de lutas contínuas entre grupos dominantes e dominados, fruto de acordos, conflitos, concessões e alianças" (Lopes, 1999, p. 86), "fornecer um tipo de letramento formalizado não levará à atribuição de poder, não facilitará novos empregos, e não gerará mobilidade social" (Street, 2003). O que deve fazer então a autora-aprendiz em seu processo de construção da escrita? Como discurso-resposta-futuro, projetado para as expectativas do contexto como discurso que foi solicitado a surgir e já era esperado, aliar-se à tradição escolar/acadêmica sem explicitar os conflitos na esperança de cumprir satisfatoriamente a tarefa? O que resta então ao professor, ao profissional de Letras em particular, objeto de seu trabalho/sujeito de sua escrita? Encarar a dura realidade e escrever a própria sentença? Ou, como discurso-resposta-futuro, dialogar com as duas esferas?

Se a língua passa a integrar a vida mediante os enunciados concretos que a realizam, conforme propõe Bakhtin, não teria sido essa uma forma de a autora fazer a vida emergir pela via de sua escrita? Ainda que o texto elaborado pela aluna possa se distanciar dos modelos mais complexos de construção de artigos acadêmicos e passe a espelhar os papéis estereotipados da escrita institucional, reflito sobre a importância de assumir um ponto de vista científico que possa defender a ideia, como Luke (2003), de que "não existem 'gêneros de poder' como tais, e sim apenas formas com bases culturais de saber e de comunicar que tenham sido privilegiadas em detrimento de outras"; ou, ainda, como Lopes (1999, p. 96-7):

> [...] existem diferentes formas de conhecer, capazes de constituir diferentes instâncias de saber, frutos de diferentes práticas, que podem ou não adquirir um estatuto científico [...] As ciências são apenas algumas das possíveis formas de se conhecer, com suas

Aprender a escrita, aprender com a escrita • **247**

necessidades próprias. Outros saberes se constituem a partir de outras racionalidades.

Considerações finais

Tendo em vista o modelo ideológico de letramento no contexto onde a escrita foi praticada, algumas reflexões se insinuam:

(i) Se o que o letramento "é depende essencialmente do como a leitura e a escrita são concebidas e praticadas em determinado contexto social" (Lankshear, *apud* Soares, 2001, p. 75), a escrita revela o modo como a autora--aprendiz imagina a escrita institucional com os valores a ela associados; a busca de um modelo representa o jogo de expectativas do contexto, levando os alunos, muitas vezes, conforme Corrêa (2004, p. 166), a se exceder numa caracterização ou estilização da escrita, reproduzindo uma visão "escolarizada do código institucionalmente reconhecido". Sabe-se que o contexto acadêmico é atravessado por convenções sociais e linguísticas (Ivanic, 1997), essas últimas relacionadas às competências, acentuando o caráter funcional e instrumental do letramento a que não se pode romper, sobretudo quando se ocupa o lugar de aluno e não de especialista na hierarquia social. A reprodução de um modelo parece traduzir um estereótipo formal diante da dificuldade de manipular a tarefa que lhe é exigida (Lemos, 1988, *apud* Corrêa, 2004, p. 175).

(ii) Se o letramento está associado à produção de conhecimento (Britto, 2007), a escrita da autora-aprendiz parece indicar, em termos do conhecimento produzido, um decalque de lugares-comuns e de conceitos estereotipados

248 • Cecilia M. A. Goulart | Victoria Wilson (orgs.)

e fetichizados sobre o profissional de Letras. Para Lopes, é preciso manter os saberes do cotidiano nos limites de sua concepção para, assim, romper com o senso comum e produzir ciência, filosofia ou arte. Romper com o senso comum implica, no processo de leitura e escrita, aprender os conhecimentos relevantes da história humana, segundo Britto (2007).

(iii) Se o letramento está associado a processos sociais mais amplos, definidos em termos de valores, crenças, tradições e formas de distribuição de poder, a escrita produzida estabelece-se no reforço de padrões e crenças, no consenso e na neutralização das diferenças, já que se encaminha para: (a) a acomodação das expectativas do contexto; (b) o desejo de ser valorizado socialmente; (c) a afirmação de uma identidade profissional em consonância com as demandas sociais, articuladas ao mercado, que supervalorizam a qualificação profissional, mesmo que estejam associadas à promoção do conhecimento: *por intermédio do professor de português, o aluno desenvolve a linguagem, aperfeiçoa o conhecimento, melhora sua forma de expressão oral e escrita, permitindo, desta forma, sua ascensão no mercado de trabalho e a melhoria no relacionamento com as pessoas.*

(iv) Se no processo de aquisição da escrita espelham-se as formas desiguais de sua apropriação, segundo Britto (2007), a posse da escrita, na sociedade de classes, está desigualmente distribuída, então a escrita de M. encarna essa desigualdade exatamente por reforçá-la de modo exagerado. A neutralização das diferenças, a acomodação ao contexto, a supervalorização do profissional não estariam denunciando a falta, a lacuna histórica que pre-

Aprender a escrita, aprender com a escrita • **249**

cisa ser, por fim, preenchida, levada a sério? *A sociedade, em geral, não se dá conta da relevância que tem o profissional de letras para o desenvolvimento cultural do indivíduo*, escreve a aluna.

O que o exagero parece refletir? Apenas o resultado de apropriações do já instituído e já produzido? No afã de repetir e respeitar as regras do contexto, a autora-aprendiz ficaria condenada a ocupar a "posição de onde enunciaria porque, de fato, não lhe pertenceria o enunciado produzido"? (Voese, 2004, p. 19). Ou "o que pode parecer submetimento não poderia, sob um outro viés de leitura, ser considerado como essencial na individuação dos homens para torná-los sujeitos", retomando o mesmo autor?

Nas palavras de M., um gesto parece traduzir a relação entre o sujeito e a linguagem, um movimento discursivo, um apelo para aqueles que desconsideram o trabalho docente, o curso de Letras e os professores de língua, porque o esforço é visível e a aplicação é necessária: *Contudo, é oportuno ressaltar que o curso de letras requer muito esforço e aplicação nos estudos para que se tenha aptidões necessárias para atuar nessa área*, diz ela.

O artigo analisado traz à tona um sujeito real com sua história, história também da relação desse sujeito com sua escrita como "marcas do discurso social internalizado" (Smolka, 2000). Escrita possível, história possível. Afinal destinada para quem, além do professor-leitor? Onde mais essa história circulará? A quem ela irá tocar, transformar? Aqui concluo reproduzindo as palavras de João Wanderley Geraldi (2003, p. 52):

[...] vamos construindo nossas consciências com diferentes palavras que internalizamos e que funcionam como contrapalavras na construção dos sentidos do que vivemos, vemos, ouvimos, lemos. São estas histórias que nos fazem únicos e "irrepetíveis". Unicidade

250 • Cecilia M. A. Goulart | Victoria Wilson (orgs.)

incerta, pois se compreendemos com palavras que antes de serem nossas foram e são também dos outros, nunca teremos certeza se estamos falando algo ou se algo fala por nós.

De quem são as palavras da autora-aprendiz? Com quem ela dialoga? Que algo é esse que fala por ela?

Referências bibliográficas

BAKHTIN, Mikhail. *Questões de literatura e de estética: a teoria do romance.* Tradução Aurora F. Bernardini *et al.* São Paulo: Unesp, 1993.

BRITTO, Luiz P. Leme. *Contra o consenso: cultura escrita, educação e participação.* Campinas: Mercado de Letras, 2003.

_____. "Escola, ensino de língua, letramento e conhecimento". *Calidoscópio.* Caxias do Sul: Unisinos, v. 5, n. 1, 2007.

CORBEIL, Jean-Claude. "Elementos de uma teoria da regulação linguística". In: BAGNO, Marcos (org.). *Norma linguística.* São Paulo: Loyola, 2001, p. 175-203.

CORRÊA, Manoel L. G. *O modo heterogêneo de constituição da escrita.* São Paulo: Martins Fontes, 2004.

FREIRE, Renato C. B. de Luna. *Poder e sociedade na [trans]formação da cidade: história dos loteamentos no município de São Gonçalo na década de 1950.* 2002. Monografia (especialização em História Social). Faculdade de Formação de Professores da Universidade Estadual do Rio de Janeiro (Uerj), São Gonçalo, 2002.

GERALDI, João W. *Portos de passagem.* São Paulo: Martins Fontes, 1993.

_____. "A diferença identifica. A desigualdade deforma. Percursos bakhtinianos de construção ética". In: FREITAS, M. T.; JOBIM E SOUZA, S.; KRAMER, S. *Ciências humanas e pesquisa: leituras de Mikhail Bakhtin.* São Paulo: Cortez, 2003, p. 39-56.

GINZBURG, Carlo, *Mitos, emblemas e sinais: morfologia e história.* 2. ed. São Paulo: Companhia das Letras, 2002.

Aprender a escrita, aprender com a escrita • **251**

GOULART, Cecilia M. A. *A noção de letramento como horizonte ético--político para o trabalho pedagógico: explorando diferentes modos de ser letrado*. Projeto de pesquisa, Niterói /UFF: mimeo, 2003.

IVANIC, Oz. *Writing and identity: the discoursal construction of identity in academic writing*. Filadélfia/Amsterdã: John Benjamins Publishing, 1997.

KOCH, Ingedore G. Villaça. *Argumentação e linguagem*. São Paulo: Cortez, 1987.

LANKSHEAR, C. "Changing literacies". Filadélfia: Open University Press, 1997. In: SOARES, Magda. *Letramento: um tema em três gêneros*. Belo Horizonte: Autêntica, 2001.

LEMOS, C. T. G. "Coerção e criatividade na produção do discurso escrito em contexto escolar: algumas reflexões". In: CORRÊA, Manoel L. G. *O modo heterogêneo de constituição da escrita*. São Paulo: Martins Fontes, 2004.

LOPES, Alice R. Casimiro. *Conhecimento escolar: ciência e cotidiano*. Rio de Janeiro: Eduerj, 1999.

LUKE, A. "Critical literacy and the question of normativity: an introduction". In: STREET, Brian. *Abordagens alternativas ao letramento e desenvolvimento*. Teleconferência Unesco Brasil sobre "Letramento e Diversidade", out. de 2003.

MATENCIO, M. de Lourdes M. "Letramento na formação do professor. Integração a práticas discursivas acadêmicas e construção da identidade profissional". In: CORRÊA, Manoel L. G.; BOCH, F. (orgs.). *Ensino de língua: representação e letramento*. Campinas: Mercado de Letras, 2006, p. 93-106.

REZNIK, Luís. "História local e comunidade: o exercício da memória e a construção de identidades". 2002. Artigo apresentado na Sexta mostra de extensão da Uerj. Disponível em: <http: www.historiadesaogoncalo.pro.br/hp_hsg_lista_artigos_htm>. Acesso em: 5 maio 2009.

252 • Cecilia M. A. Goulart | Victoria Wilson (orgs.)

SMOLKA, A. Luzia. "A emergência do discurso na escrita inicial". In: _____. *A criança na fase inicial da escrita: a alfabetização como processo discursivo*. 9. ed. São Paulo: Cortez, 2000, p. 65-111.

SOARES, Magda. *Letramento: um tema em três gêneros*. Belo Horizonte: Autêntica, 2001.

STREET, Brian. "Abordagens alternativas ao letramento e desenvolvimento". Teleconferência Unesco Brasil sobre "Letramento e Diversidade", out. de 2003.

VOESE, Ingo. *Análise do discurso e o ensino de Língua Portuguesa*. São Paulo: Cortez, 2004.

WILSON, Victoria. "Ser letrado no contexto acadêmico". In: MAGALHÃES, J. Sueli; TRAVAGLIA, L. Carlos. *Múltiplas perspectivas em linguística*. Ileel, UFU: Uberlândia, 2008a. (CD-ROM)

_____. "O discurso científico e a formação do professor". In: GIL, Gloria; VIEIRA-ABRAHÃO, M. Helena (orgs.). *Educação de professores de línguas: os desafios do formador*. São Paulo: Pontes, 2008b, p. 201-18.

_____. "A construção discursiva e identitária na escrita acadêmica". In: ALMEIDA, F. Afonso; GONÇALVES, J. Carlos. *Interação, contexto e identidade em práticas sociais*. Niterói: Eduff, 2009, p. 95-116.

Autores

Angela Vidal Gonçalves Graduada em Letras (Português/Inglês) pela Universidade Gama Filho, tem mestrado em Educação pela Universidade Federal Fluminense (UFF). É professora do ensino básico, técnico e tecnológico do Colégio Pedro II, RJ. Tem experiência nas séries iniciais do ensino fundamental, atuando, principalmente, nos temas ensino da língua materna e alfabetização e letramento. Atua como pesquisadora do grupo de pesquisa Linguagem, cultura e práticas educativas/Programa de Pós-Graduação em Educação (UFF), coordenado pela Profª. Dra. Cecília M. A. Goulart.

Cecilia M. A. Goulart Professora associada na Universidade Federal Fluminense (UFF), Faculdade de Educação, onde atua no curso de Pedagogia, no Programa de Pós-Graduação em Educação e no Proale (Programa de Alfabetização e Leitura), é doutora em Letras pela Pontifícia Universidade Católica do Rio de Janeiro (PUC-RJ). Foi professora do ensino fundamental na rede municipal do Rio de Janeiro durante 25 anos. É líder do grupo de pesquisa/CNPq Linguagem, cultura e práticas educativas. O campo principal de pesquisa é o ensino e a aprendizagem da língua portuguesa, com ênfase no processo de alfabetização e no trabalho com a linguagem verbal na escola: na educação infantil, no ensino fundamental e na EJA. Tem artigos publicados em periódicos nacionais e em livros da área. É vice-presidente da ABAlf (Associação Brasileira de Alfabetização).

Claudia dos Santos Andrade Doutora em Educação pela Universidade de São Paulo (USP), é professora adjunta do Instituto de Aplicação Fernando Rodrigues da Silveira (CAp/UERJ) e da Universidade Estácio de Sá (RJ). Tem experiência na área de educação, com ênfase em leitura, atuando principalmente com os temas: ensino-aprendizagem dos diferentes componentes curriculares dos anos iniciais do ensino fundamental; alfabetização e processos de formação do leitor; e mídia-educação.

Eleonora Cretton Abílio Especialista em Literatura Infantojuvenil pela Universidade Federal Fluminense (UFF), trabalhou como Técnica em Assuntos Educacionais na mesma instituição. Atuou no Programa de Alfabetização e Leitura/Proale da Faculdade de Educação da UFF, de 1991 a 2009, dedicando-se

254 • Cecilia M. A. Goulart | Victoria Wilson (orgs.)

ao planejamento e à realização de cursos de formação continuada para professores das redes pública e privada, e para estudantes dos cursos de Pedagogia, Letras, entre outros de nível superior. Participou do desenvolvimento de vários projetos de pesquisa.

Helenice Aparecida Bastos Rocha Graduada em História, tem mestrado e doutorado em Educação pela Universidade Federal Fluminense (UFF). É professora adjunta no Departamento de Ciências Humanas da Universidade do Estado do Rio de Janeiro (Uerj). Coordena projeto de pesquisa sobre usos da linguagem verbal e não verbal na aula de História a partir de projetos diversos em escolas. Atual líder do Grupo de pesquisa Oficinas de História, participa como pesquisadora em grupos relacionados a temas nas áreas de História e Educação, com ênfase em ensino de História e Leitura e escrita.

Inez Helena Muniz Garcia Doutora em Educação pela Universidade Federal Fluminense (UFF), tem mestrado em Educação pela mesma instituição. Realizou, como bolsista da Capes/PDEE, estudos de Doutorado Sanduíche no Exterior no Instituto de Educação da Universidade de Lisboa. Tem especialização em Processos de Alfabetização na Vida Adulta pela Universidade de Brasília (UnB) e em Recursos Humanos pelo IAG/PUC-RJ. É graduada em Letras (Português/Inglês) pela Faculdade de Filosofia de Itaperuna (RJ). Integra o grupo de pesquisa/CNPq Linguagem, cultura e práticas educativas, investigando processos de produção de linguagem identidades culturais e práticas educativas (UFF).

Lídia Maria Ferreira de Oliveira Doutoranda do Programa de Pós-Graduação em Educação da Universidade Federal Fluminense (UFF), é mestre em Educação e graduada em Letras (Português/Literaturas) pela mesma instituição. Professora de Língua Portuguesa e Literatura da Secretaria Estadual de Educação do Rio de Janeiro, no Colégio Estadual David Capistrano. Integra o grupo de pesquisa Linguagem, cultura e práticas educativas (UFF), investigando a produção do texto escrito, especialmente no ensino médio. Em seus estudos tem priorizado as relações discursivas na produção do texto escrito, as relações entre oralidade e escrita e a variação linguística no ensino de língua materna.

Marta Lima de Souza Doutora em Educação pela Universidade Federal Fluminense (UFF), é professora da Faculdade de Educação da Universidade Federal do Rio de Janeiro, onde atua nos cursos de Pedagogia e de Especialização Saberes e Práticas na Educação Básica com ênfase em Educação de Jovens e Adultos. O campo principal de pesquisa é ensino e aprendizagem da linguagem escrita para jovens e adultos com ênfase na alfabetização, formação de professores, prática de ensino e estágio supervisionado no EJA. Integra o grupo de pesquisa/CNPq Linguagem, cultura e práticas educativas, investigando processos de produção de linguagem, identidades culturais e práticas educativas.

Solange Maria Pinto Tavares Graduada em Letras pelo Centro de Ensino Superior de Juiz de Fora, tem mestrado em Educação pela Universidade Federal Fluminense (UFF) e especialização em Mídia e Deficiência pela Universidade Federal de Juiz de Fora (UFJF). É professora da Escola Municipal União da Betânia, em Juiz de Fora (MG).

Vanêsa Vieira Silva de Medeiros Graduada em Pedagogia pela Universidade Federal Fluminense (UFF) e especialista em Literatura Infantojuvenil, é mestre em Educação pela mesma instituição. Professora Assistente do Ensino Fundamental do Colégio de Aplicação da Uerj, integra o grupo de pesquisa Linguagem, cultura e práticas educativas, investigando a produção do texto escrito, especialmente no ensino fundamental.

Victoria Wilson Graduada em Letras (Português-Literaturas) pela Universidade Federal do Rio de Janeiro (UFRJ), tem mestrado em Letras (Literatura Brasileira) pela Universidade Federal Fluminense (UFF) e doutorado em Letras (Linguística) pela Pontifícia Universidade Católica do Rio de Janeiro (PUC-RJ). Concluiu pós-doutoramento no Programa de Pós-graduação em Educação da UFF e é professora associada de Linguística da Faculdade de Formação de Professores da Universidade do Estado do Rio de Janeiro (Uerj). Participa do grupo de pesquisa Linguagem, Cultura e Práticas educativas e é membro do Diretório Linguagem, Identidades, Ensino (FFP-Uerj).

www.gruposummus.com.br

IMPRESSO NA GRÁFICA
sumago gráfica editorial ltda
rua itauna, 789 vila maria
02111-031 são paulo sp
tel e fax 11 **2955 5636**
sumago@sumago.com.br